Stefan Kipf

Integration durch Sprache

Schüler nichtdeutscher
Herkunftssprache lernen Latein

C.C.Buchner

Studienbücher Latein
Praxis des altsprachlichen Unterrichts

Herausgegeben von
Markus Janka, Stefan Kipf, Peter Kuhlmann und Markus Schauer

Für Ulrike

1. Auflage 1⁴³²¹ 2020 18 16 14

Lektorat: Jutta Schweigert
Satz und Gestaltung: CMS – Cross Media Solutions GmbH, Würzburg
Druck und Bindung: Pustet, Regensburg
www.ccbuchner.de

ISBN 978-3-7661-8004-9

Inhalt

Abkürzungen

AU	Der Altsprachliche Unterricht
DaF	Deutsch als Fremdsprache
DaZ	Deutsch als Zweitsprache
FC	Forum Classicum
LGBB	Latein und Griechisch in Berlin und Brandenburg
MDAV Niedersachsen	Mitteilungsblatt des Deutschen Altphilologenverbandes, Landesverband Niedersachsen
ndH	nichtdeutscher Herkunftssprache
PegOn	Pegasus-Onlinezeitschrift

Vorwort

Die Vermittlung sprachlicher Allgemeinbildung gehörte stets zu den überfachlichen Zielsetzungen des Lateinunterrichts. Als Adressaten wurden jedoch immer Schüler[1] in den Blick genommen, deren Mutter- bzw. Erstsprache Deutsch ist. Die Frage, inwieweit der Lateinunterricht auch Lernende fördern könnte, die nichtdeutscher Herkunft sind und Deutsch als Zweitsprache erworben haben, blieb dagegen weitgehend unbeachtet. Das vorliegende Studienbuch will diese Lücke schließen und deutlich machen, dass der Lateinunterricht gerade auch für diese Schülergruppe große Bildungspotenziale bereithält. Der Lateinunterricht öffnet sich somit nicht nur einer von ihm bisher wenig beachteten Klientel, sondern kann durch seine spezifischen Fachleistungen zugleich einen wertvollen gesellschaftlichen Beitrag zur Integration von Schülern nichtdeutscher Herkunftssprache leisten. Als weiteres innovatives Element darf auf die empirische Fundierung des Studienbuches hingewiesen werden: So wurden sowohl alle wesentlichen Thesen der theoretischen Grundlegung als auch die zahlreichen Praxisbeispiele im Rahmen des von der Gemeinnützigen Hertie-Stiftung geförderten Projekts *Pons Latinus – Latein als Brücke: Schülerinnen und Schüler nichtdeutscher Herkunftssprache lernen Latein* praktisch erprobt und wissenschaftlich evaluiert.

Der Inhalt des Studienbuches ist weit gespannt, interdisziplinär angelegt und durch eine enge Verbindung von Theorie und Praxis gekennzeichnet: Nach einer Einführung in die noch junge Disziplin *Deutsch als Zweitsprache* finden sich im zweiten Abschnitt die theoretische Grundlegung unseres Brückensprachenkonzepts sowie Überlegungen zu interkultureller Bildung im Lateinunterricht. Kapitel 3 bietet erstmals einen konzentrierten Vergleich zwischen der Herkunftssprache Türkisch, dem Deutschen und dem Lateinischen. Das umfangreiche vierte Kapitel stellt eine Fülle von sprachbildenden Praxisbeispielen zum Lehrbuch- und Lektüreunterricht vor. Kapitel 5 beschäftigt sich mit der Diagnose und Evaluation von Zweitsprachkompetenz und präsentiert neben einer theoretischen Grundlegung auch Beispiele aus der Unterrichtspraxis. Den Abschluss bildet eine Liste der verwendeten Fachliteratur.

Dieses Studienbuch konnte nur durch eine fach- und institutionenübergreifende Zusammenarbeit entstehen: einerseits durch eine bisher wohl einmalige Kooperation zwischen Erziehungswissenschaft,

---

[1] Um den Lesefluss zu erleichtern, wird in den folgenden Texten das generische Maskulinum „Schüler" usw. verwendet.

Deutsch als Zweitsprache und altsprachlicher Didaktik. Hierfür bin ich ganz besonders Dr. Heike Schaumburg, Prof. Dr. Beate Lütke und Dr. Inger Petersen zu großem Dank verpflichtet. Andererseits ist dieses Buch zugleich das Ergebnis einer engen und vertrauensvollen Zusammenarbeit zwischen Schule und Universität: Ich bin froh und dankbar, mit dem Ernst-Abbe-Gymnasium in Berlin-Neukölln eine so wunderbare Partnerschule zu haben. Mein besonderer Dank gilt daher Bärbel Stalinski, Steffan Paffrath und Gregor Fessler, deren ganz außerordentliche Leistungen für ihre Neuköllner Schüler und einen modernen Lateinunterricht mit diesem Band gewürdigt werden. Besonderer Dank gilt auch Maria Große, die dieses Studienbuch durch ihren dauerhaften persönlichen Einsatz nachhaltig befördert hat.

Schließlich danke ich auch allen anderen sehr herzlich, die durch eigene Beiträge zu diesem Studienbuch, intensives Korrekturlesen oder durch ihre innovativen Ideen zum Entstehen des Bandes beigetragen haben: Sandra Dobritz, Katharina Frings, Kerstin Ludwig, Dr. Mayya Pait, Katrin Siebel, Laura Theile und Feyzullah Yesilkaya.

Schließlich bin ich dem Verlag C.C. Buchner sehr dankbar für die Möglichkeit, dieses Studienbuch veröffentlichen zu können. Die Zusammenarbeit mit Frau Schweigert war wunderbar.

Berlin, im Januar 2014   Stefan Kipf

1. Deutsch als Zweitsprache – Eine Einführung

In den letzten Jahren hat sich die Zusammensetzung der Schülerschaft in den Klassen auch am Gymnasium aufgrund von Migration und der sich wandelnden Sozialstruktur Deutschlands stark verändert. Aus dem von der Kultusministerkonferenz (KMK) und dem Bundesministerium für Bildung und Forschung in Auftrag gegebenen Bericht „Bildung in Deutschland 2012" geht hervor, dass in der Bundesrepublik derzeit etwa ein Fünftel der Gesamtbevölkerung einen Migrationshintergrund[1] aufweist (AUTORENGRUPPE BILDUNGSBERICHTERSTATTUNG 2012: 17). Hierbei kommt es in den einzelnen Altersgruppen zu starken Schwankungen: So liegt der Anteil der Kinder mit Migrationshintergrund bei den unter 1-Jährigen bei etwa 35 %, bei den unter 24-Jährigen dagegen bei ca. 23 % (AUTORENGRUPPE BILDUNGSBERICHTERSTATTUNG 2012: 17). In Anbetracht der sinkenden Geburtenraten wird auch in Zukunft der Anteil der Bevölkerung mit Einwanderungsgeschichte steigen. Die vergleichbaren Daten für Berlin fallen mit 24.3 % der Gesamtbevölkerung, mit 37.9 % der unter 3-Jährigen und mit 44.4 % bei den Kindern zwischen 3 und 6 Jahren sogar noch höher aus (ISQ 2010: 18−20). Dabei handelt es sich vorwiegend um türkischstämmige Personen (43.5 %), gefolgt von Menschen aus dem ehemaligen Jugoslawien und Italienern (je 7 %), Griechen (3.5 %), Russen (2.4 %) sowie Polen (2.1 %). Insgesamt ergibt sich, dass derzeit etwa 43 % der Berliner Kinder einen Migrationshintergrund aufweisen und an einigen Schulen bis zu 90 % der Schülerschaft nichtdeutsche Wurzeln hat (ISQ 2010: 44). Heterogenität wird somit zur Normalität: Man trifft auf Schülerinnen und Schüler, darunter nicht wenige Muttersprachler, mit unterschiedlichsten sprachlichen Voraussetzungen,

---

[1] Der Begriff *Migrationshintergrund* wird uneinheitlich definiert. Auf Bundesebene zählen zu den Menschen mit Migrationshintergrund „alle nach 1949 auf das heutige Gebiet der Bundesrepublik Deutschland zugewanderten sowie alle in Deutschland geborenen Ausländer und alle in Deutschland als Deutsche Geborenen mit zumindest einem zugewanderten oder als Ausländer in Deutschland geborenen Elternteil" (STATISTISCHES BUNDESAMT 2011: 6). Da insbesondere die Rolle der Beherrschung der deutschen Sprache als Zweitsprache entweder nicht als Grundlage zur Beschreibung des Migrationsstatus oder nur als ein Merkmal neben anderen erfasst wird, sprechen wir mit dem Berliner Bildungsbericht von Schülerinnen und Schülern „nichtdeutscher Herkunftssprache" (ndH), da es im Zusammenhang dieses Themas um die gezielte Förderung des Zweitspracherwerbs durch den Lateinunterricht geht. (ISQ 2013: 47)

verschiedensten Herkunftssprachen, individuellem ethnisch-kulturellem Hintergrund sowie differierenden Lernerbiographien. Integration wurde in diesem Zuge zum Schlagwort und Sprache zum Schlüsselfaktor für ihr Gelingen.

Spracherwerbsforschung

In diesem Zusammenhang wurde seit den 70er Jahren die Spracherwerbsforschung erheblich intensiviert. Nachdem 1966 die allgemeine Schulpflicht auch auf die Kinder von angeworbenen Arbeitsimmigranten ausgeweitet worden war, entstand die eigenständige Teildisziplin „Deutsch als Zweitsprache" (DaZ), die sich mit dem Spracherwerb von Schülern nichtdeutscher Herkunftssprache (ndH) und deren speziellen Spezifika beim Zweitspracherwerb beschäftigt. Sie hat in den letzten Jahren erheblich an Bedeutung gewonnen, Forschungsergebnisse haben nun auch in Rahmenlehrplänen und der Lehrerbildung Einzug gehalten. Um als Lehrkraft auf die veränderten Verhältnisse in kulturell und sprachlich heterogenen Lerngruppen konstruktiv reagieren zu können, ist es notwendig, sich einige grundlegende Phänomene und Fakten aus der Spracherwerbstheorie und der DaZ-Forschung bewusst zu machen.

1.1 Begriffsbestimmungen

Sprachenlernen und Spracherwerb

Zunächst kann man unterscheiden, ob eine Sprache erlernt oder erworben wird: „Vom Lernen wird gesprochen, wenn die sprachlichen Aneignungsprozesse durch Unterricht gelenkt werden. In diesem Fall wird auch von ‚gesteuertem' Spracherwerb ausgegangen. Davon unterschieden werden sprachliche Aneignungsprozesse, die nicht durch Sprachunterricht gelenkt werden. In diesem Fall wird auch von ‚ungesteuertem' oder ‚natürlichem' Spracherwerb gesprochen." (KNIFFKA/SIEBERT-OTT [2]2009: 28f.) Des Weiteren ist zwischen Fremd- und Zweitsprache zu unterscheiden: „Als Fremdsprache wird diejenige Sprache bezeichnet, die ausschließlich oder vorwiegend im Unterricht erworben wird. Eine Sprache, die überwiegend ohne Unterricht in alltäglichen Kontaktsituationen erworben wird, bezeichnet man hingegen als Zweitsprache." (KNIFFKA/SIEBERT-OTT

Zweitsprache

[2]2009: 29) Der Begriff „Zweitsprache" (L2) wird international i.d.R. noch weiter gefasst und als diejenige Sprache bezeichnet, die „un-

Muttersprache

geachtet des Aneignungskontextes […] nach der Muttersprache" (L1) erworben wird (KNIFFKA/SIEBERT-OTT [2]2009: 29). Eignet sich ein Kind vor dem dritten Lebensjahr eine zweite Sprache neben der

Muttersprache an oder lernt es simultan zwei Muttersprachen, spricht man von Bilingualität (vgl. KNIFFKA/SIEBERT-OTT ²2009: 30). In diesem Kontext ist es für das Deutsche zu unterscheiden, ob es als Muttersprache (DaM), als Zweitsprache (DaZ) oder Fremdsprache (DaF) erworben wird.

Nach einer Phase der Segregation in Sonderklassen verfolgte man seit den 80er Jahren verstärkt das Ziel, Schüler ndH in Regelklassen zu integrieren, selbst wenn die Zweitsprache Deutsch noch nicht altersgerecht ausgebildet war. Sprachförderung erhoffte man sich durch den Kontakt zu deutschsprachigen Klassenkameraden. Bei dieser Art des gemeinsamen Lernens von Mutter- und Zweitsprachlern sind Immersions- und Submersionsmodelle zu unterscheiden (vgl. KNIFFKA/SIEBERT-OTT ²2009: 139 ff., 173 ff.). Unter Immersion versteht man ein Konzept, „in welchem Fachinhalte in einer Fremd-/Zweitsprache vermittelt werden" (KUHS 2010: 125). Dabei wird der Unterricht an die Voraussetzungen und Bedürfnisse der Lernenden angepasst, die Lehrenden müssen zweisprachig und die Lerngruppe homogen sein (vgl. KUHS 2010: 125). Im Gegensatz dazu spricht man von Submersion, wenn DaZ-Lernende in sprachheterogenen Regelklassen beschult werden, ohne dass von einsprachigen Lehrern angemessen auf ihre sprachlichen und kulturellen Voraussetzungen eingegangen wird (vgl. KUHS 2010: 324).

Momentan herrschen Submersionsmodelle vor, die durch Förderunterricht ergänzt werden, wobei erschwerend hinzukommt, dass die Schüler ndH oft über nur unzulängliche Kenntnisse in ihrer Muttersprache verfügen und auf einem unzureichend ausgebildeten Sprachniveau in Erst- und Zweitsprache verharren. Die spezifische Sprachsituation von Schülern ndH lässt sich somit folgendermaßen zusammenfassen (vgl. KLIEWER/POHL 2006: 74−76): Der Spracherwerb erfolgt in einer deutschsprachigen Umgebung sowohl durch gesteuerte (z.B. im Deutschunterricht) als auch durch ungesteuerte Prozesse (z.B. Alltagskommunikation), in herkunftssprachlich und soziokulturell heterogenen Lerngruppen sowie eventuell durch gezielte Zweitsprachvermittlung im Rahmen von DaZ-Unterricht oder Förderprogrammen. Durch internationale Leistungsvergleiche wie PISA und TIMMS wurde jedoch zunehmend deutlich, dass in den letzten beiden Jahrzehnten die gewünschten Erfolge ausblieben und erhebliche Benachteiligungen für die Schüler ndH im Regelunterricht nach wie vor existieren (vgl. KLIEWER/POHL 2006: 74−75). Erfolge dürften nur dann erzielt werden, wenn Kinder in ihrer ge-

Submersion

samten Schullaufbahn eine Förderung in der Zweitsprache Deutsch erhalten, und zwar durchgängig in allen Fächern (vgl. AHRENHOLZ ²2010).

1.2 Der Spracherwerb

Seit den 70er Jahren wurden zahlreiche Erklärungsansätze zum Prozess des Zweitspracherwerbs entwickelt, ohne dass sich eine zentrale Theorie hätte durchsetzen können: „Der Zweitsprachenerwerb ist ein ziemlich verwickeltes Phänomen, das von vielen Faktoren bestimmt wird und dessen systematische Beschreibung, ganz zu schweigen von seiner Erklärung, außerordentlich schwierig ist." (KLEIN 1999: 35)

Kontrastiv-
hypothese

Nach der sich auf behavioristische Erklärungsansätze stützenden Kontrastivhypothese verläuft der Zweitspracherwerb abhängig von der Erstsprache: „Lernende übertragen ihre sprachlichen Gewohnheiten von der L1 auf die L2. Wo Kontraste zwischen L1 und L2 gegeben sind, erwartet die K[ontrastivhypothese] negativen Transfer bzw. Interferenzfehler, wo Übereinstimmungen oder Ähnlichkeiten gegeben sind, positiven Transfer, d.h. korrekten L2-Gebrauch." (BOECKMANN 2010: 169) Die Sprachentwicklung kann damit abhängig von der Herkunftssprache des Lernenden ganz unterschiedlich verlaufen. Nach der Kontrastivhypothese wird der Erwerb der Zweitsprache insbesondere dann erschwert, wenn Herkunfts- und Zielsprache erhebliche Unterschiede in ihren Sprachstrukturen aufweisen (vgl. KNIFFKA/SIEBERT-OTT ²2009: 34f.). Im (unmittelbaren) Gegensatz

Identitäts-
hypothese

dazu existiert die Identitätshypothese, bei der davon ausgegangen wird, dass beim Spracherwerb gewissermaßen auf eine „angeborene" Universalgrammatik zurückgegriffen werde und der Zweitspracherwerb „identisch" zum Erstspracherwerb erfolge (vgl. RÖSCH 2011a: 23; JEUK 2010: 31ff.; KNIFFKA/SIEBERT-OTT ²2009: 34). Sprachliches Vorwissen übe dabei keinen besonderen Einfluss auf den Erwerb einer Zweitsprache aus (vgl. KNIFFKA/SIEBERT-OTT ²2009: 34).

Interlanguage-
hypothese

Schließlich löste die Interlanguagehypothese diese beiden konkurrierenden Theorien ab. Hierbei gelten Lernende als „kreative Subjekte ihres Zweit- oder Fremdspracherwerbsprozesses, in dessen Verlauf sie durch Aktivierung und Nutzung ihres gesamten Sprachbesitzes [...] eine individuelle lernersprachliche Varietät entwickeln" (AGUADO 2010: 142). Diese Varietät wird als „Interlanguage" bezeichnet und ist „ein formal und funktional zunächst reduziertes, aber dennoch strukturiertes und zugleich dynamisches Sprachsystem, das strukturell zwischen der Erstsprache und der Zielsprache angesiedelt ist" (AGUADO 2010: 142). Lernende imitieren demnach während des Zweitsprach-erwerbs nicht einfach Wörter aus ihrer sprachlichen Umgebung, wie noch in behavioristischen Lerntheorien angenommen wurde, sondern „produzieren […] von Anfang an auch Äußerungen, die nicht einfach aus ihrer sprachlichen Umgebung übernommen sind" (KNIFFKA/ SIEBERT-OTT [2]2009: 44). Hierbei können Merkmale bereits bekannter Sprachsysteme und der Zielsprache auftreten, aber auch solche, die auf keines dieser Sprachsysteme zurückzuführen sind (vgl. KNIFFKA/ SIEBERT-OTT [2]2009: 44). Letztere werden als „lernersprachenspezifische" Merkmale (KNIFFKA/SIEBERT-OTT [2]2009: 45) bezeichnet, da sie un-abhängig von Mutter- und Zielsprache individuell feststellbar sind. Sie dürfen demnach nicht einfach als defizitäres und fehlerhaftes Sprachverhalten bewertet werden, sondern sind vielmehr als ein Aus-druck der prozesshaften Auseinandersetzung mit der Sprache zu ver-stehen (KNIFFKA/SIEBERT-OTT [2]2009: 45, 55).

Ein Beispiel für solch ein spezifisches Phänomen bei DaZ-Ler-nenden ist die zielspracheninterne Übertragung der Präteritumsbil-dung regelmäßiger Verben auf unregelmäßige Verben (*sie sag-te* → *sie sing-te*), d.h. der übergeneralisierte Gebrauch einer bestimmten Re-gel. Dass ein L2-Lernende eine gelernte Regel zunächst einmal auf vermeintlich ähnliche Bereiche überträgt, bevor er diese differenziert analysiert und auf Richtigkeit überprüft, kann und sollte also als Teil des Erwerbsprozesses angesehen werden. Die Lernersprache ist als ein Übergangsstadium im Erwerbsprozess zu betrachten, als eine Art Lernplattform, auf welcher sich die Lernenden die Sprache „schritt-weise erschließen" (KNIFFKA/SIEBERT-OTT [2]2009: 45). Für dieses sich über viele Übergangsstufen entwickelnde L2-Sprachsystem hat sich im deutschsprachigen Raum inzwischen der Begriff „Lernersprache" etabliert (vgl. KNIFFKA/SIEBERT-OTT [2]2009: 44f.). Im Idealfall gleicht sich die Lernersprache im Verlauf des Spracherwerbs der eigentlichen Zielsprache an (vgl. RÖSCH [4]2011: 16).

RÖSCH unterscheidet neben den drei „großen" Hypothesen, die sich auf den allgemeinen Zweitspracherwerb beziehen, weitere für den Schulunterricht relevante Spracherwerbstheorien (vgl. RÖSCH 2011a: 23–30). Hierbei ist eine Entwicklung von der Input- zur Out-puthypothese (vgl. RÖSCH 2011a: 28) bzw. eine „Akzentverschiebung" (RÖSCH 2011a: 29) von der Rezeption zur Produktion zu verzeichnen. Während gemäß der Input- oder Monitorhypothese (vgl. KRASHEN

Lernersprache

Weitere Sprach-erwerbs-theorien

1985 bei Rösch 2011a: 27) der Spracherwerb vom Input regiert und von einer Universalgrammatik ausgegangen wird (vgl. Identitätshypothese), die die Sprachproduktion initiiert und aufrechterhält, wird bei der Interaktions- oder Outputhypothese die zielsprachige Produktion in den Mittelpunkt gerückt. Der Lehrer übernimmt hier im Verlauf immer stärker die Rolle des Moderators, während die Schüler im Austausch miteinander durch Hypothesenbildung, Reflexion und Diskussion lernen sollen (vgl. Rösch 2011a: 28 f.).

Darüber hinaus ist der Spracherwerb von jeweils individuellen internen und externen Faktoren abhängig. Neben der Lernerbiographie, dem Sprachstand in der Muttersprache, Lernerfahrungen und z.B. dem Alter des Lernenden (interne Faktoren) spielen die Lernmotivation und der Zugang zur Sprache (externe Faktoren) eine entscheidende Rolle für den Lernerfolg in der Zweitsprache. Im Unterricht sollte die Erstsprache daher einen wichtigen Stellenwert einnehmen und nicht lediglich als „Hilfssprache" abgetan werden. Zu Recht bemerkt etwa Rösch: „Auch im DaZ-Unterricht dürfen die SchülerInnen nicht auf ihre Zweitsprache reduziert werden, sondern sind als SchülerInnen mit zwei Sprachen ernst zu nehmen." (Rösch [4]2011: 21)

1.3 Strategien bei der Sprachproduktion

Ein begrenzter Wortschatz und das unvollständige Wissen über Regelhaftigkeit in der deutschen Sprache stellen DaZ-Lernende bei der Sprachproduktion vor große Herausforderungen. Daher wenden sie während des Spracherwerbsprozesses Strategien an, die ihnen die Sprachproduktion erleichtern und mitunter Schwächen – vornehmlich in der schriftsprachlichen Produktion – zunächst unbemerkt lassen. Das Wissen um diese Strategien kann Lehrkräften Aufschlüsse über die Art bzw. den Fortschritt des individuellen Lernprozesses geben und bei der Fehleranalyse, der Erkennung von Verhaltensmustern sowie der Problemlösung helfen.

Strategien   Die folgende Tabelle führt die häufigsten Spracherwerbsstrategien auf (vgl. Rösch [4]2011: 18–21):

Spracherwerbsstrategien	Beispiele
Übergeneralisierungen	Übertragung der Präteritumsbildung schwacher Verben auf starke Verben
Sprachschöpfungen/ Paraphrasierungen	*Kopfhose* (statt *Mütze*)
Überdehnungen	Verwendung der Präposition *in* für alle passenden und unpassenden Situationen
Tilgungen	Auslassen schwierig zu bildender Wörter/des Artikels bei Unsicherheiten in der Genusbestimmung
Vereinfachungen	Verwendung von „Universal"- Wörtern *(Ding/Sache, machen, …)*

Bekommt der Lernende kein angemessenes Feedback auf fehlerhafte Äußerungen, so drohen diese als fester Bestandteil in die Sprache des Lernenden einzugehen und als grammatische Regeln internalisiert zu werden, was mit dem Begriff der Fossilierung bezeichnet wird (vgl. KNIFFKA/SIEBERT-OTT ²2009: 56 ff.). Der DaZ-Lernende verbleibt hierbei auf einem nicht vollständig ausgebildeten Sprachniveau und „versteinert" gewissermaßen. Dabei können die Lernenden sogar auf niedrigere Niveaus zurückfallen (Regression), wenn zu wenig Übungsangebote in der Zweitsprache gemacht werden (KNIFFKA/ SIEBERT-OTT ²2009: 57). Lehrkräfte sollten den Gebrauch der o.g. Lernstrategien als Teil des Erwerbsprozesses ansehen und bewerten. So zählt RÖSCH das „Erkennen und Überwinden von Normverstößen, das Nutzen von Zweitspracherwerbsstrategien und die Bildung von Hypothesen hinsichtlich sprachlich korrekter Formen" zu den Methodenkompetenzen, die ein sprachsensibler Unterricht mit Zweitsprachenlernenden vermitteln sollte (RÖSCH ⁴2011: 13).

Zusammenfassend gilt, dass der Zweitspracherwerb in Bezug auf das sprachliche Vorwissen des Schülers, seine kommunikativen Übungsfelder, Erfahrungen und Einstellungen stets individuell verläuft. Der Lernende wendet eigene Lernersprachen an, die als Übergangsstadien beim Erwerb der Zielsprache zu betrachten sind. Fehler sind daher ein natürlicher Bestandteil des Sprachlernprozesses und

Fossilierung

können im Unterricht als Lernstandsindikator und als Basis zur gezielten, individuellen Sprachförderung genutzt werden.

1.4 Sprachkompetenz und sprachliche Interaktion im Unterricht

Sprach-
bewusstheit/
Language
Awareness

Sprachkompetenz umfasst Sprachrezeption (Hören, Lesen) und Sprachproduktion (Sprechen, Schreiben), ferner Sprachbewusstsein und Sprachwissen. In der Deutschdidaktik bilden Mündlichkeit und Schriftlichkeit, Umgang mit Texten sowie Sprachbetrachtung und Grammatik die vier Säulen des Unterrichts, parallel zu den Anforderungen der DaZ-Didaktik (vgl. FELDER 2003: 44). Sprachwissen und Sprachbewusstheit sind neben den mündlichen und schriftlichen Fähigkeiten zentral für die Ausbildung der Sprachkompetenz im Deutschen. Im Bereich der modernen Fremdsprachen wird in diesem Zusammenhang von *Language Awareness* gesprochen. „Man versteht darunter das explizite und das implizite Verständnis der menschlichen Sprachfähigkeit (in der Mutter- wie in der Fremdsprache) sowie dessen Bedeutung für das Denken, Lernen und soziale Handeln […]. Einsicht in Sprachbau und -strukturen gehören ebenso dazu wie metalinguistisches Verstehen dahingehend, wie Sprache gebraucht wird und wie sie funktioniert." (DOFF/KLIPPEL 2007: 68) In der altsprachlichen Didaktik findet der Begriff Sprachbewusstsein i.d.R. synonyme Verwendung (vgl. NICKEL 2001: 263; KIPF 2006: 252 f.), inhaltlich weiter gefasst spricht man mittlerweile von „sprachlicher Allgemeinbildung" (vgl. WIRTH/SEIDL/UTZINGER 2006: 16 ff.).

Zugleich sind kommunikative Fähigkeiten aus dem (Schul-)Alltag nicht wegzudenken und fordern dementsprechend besondere Aufmerksamkeit, um Intentionen der Lernenden und Sachverhalte in mündlich angemessener und inhaltlich verständlicher Form ausdrücken zu können (vgl. RÖSCH [4]2011: 37 ff.). Unterschiedliche Situationen verlangen dabei verschiedene sprachliche Register, also „grammatische und lexikalische Muster, die durch die Verwendung in ähnlichen Situationen geprägt werden" (RÖSCH [4]2011: 42). Man unterscheidet in der Realisierung von Sprache folgende Dimensionen: Erstens die Wahl des Mediums (gesprochen oder geschrieben) und zweitens die Wahl des sprachlichen Konzeptes (Sprache der Nähe oder Distanz). Dieses sprachliche Konzept kann entweder konzeptionell mündlich oder konzeptionell schriftlich sein, und zwar mit folgenden Merkmalen (vgl. LEISEN 2010a):

Konzeptionelle Mündlichkeit	Konzeptionelle Schriftlichkeit
• Grundlegende Kommunikations-fähigkeiten in der Alltags-kommunikation	• Schulbezogene kognitive Sprachkenntnisse der Bildungs-sprache (Vorträge, Fachaufsätze)
• Form: dialoghaft, persönlich, situationsgebunden	• Form: monologhaft, ver-allgemeinernd, unpersönlich, konjunktivisch
• Sätze: parataktisch, bruchstückhaft • morpho-syntaktische Besonderheiten: Tilgungen, Umschreibungen, Füll-wörter, evtl. Code-Switching in andere Sprachen, textunabhängige, z.B. gestische Verweise, Deixis	• Sätze: hypotaktisch, vollständig • morpho-syntaktische Besonder-heiten: Gliedsätze, Konjunktiv, Passiv, unpersönliches Präsens, Verallgemeinerungen
• Vokabular: begrenzt, einfach, konkret	• Vokabular: Fachvokabular, Nominalisierungen, Komposita, Verbalisierung, abstrakt

In der Primarstufe entspricht die Unterrichtssprache noch weit-gehend der Alltagssprache, wird aber immer mehr den Ansprüchen der konzeptionellen Schriftlichkeit angepasst, sodass es bereits hier zu einem Umbruch von der konzeptionellen Mündlichkeit zur konzep-tionellen Schriftlichkeit kommt. In der Sekundarstufe I geht man i.d.R. davon aus, dass alle Schüler diesen Wandel durchlebt haben, was aber bei den Jugendlichen ndH keineswegs immer der Fall ist (vgl. JEUK 2010: 20f.). So darf man von einer allem Anschein nach gut ausgebildeten mündlichen Sprachkompetenz nicht auch auf ebenso gut ausgebildete schriftsprachliche Fähigkeiten schließen, da Schüler ndH oftmals ihre Schwächen durch die oben genannten Strategien (Überdehnungen, Übergeneralisierungen, Sprachschöpfungen usw.) „verschleiern". Besonders die konzeptionell schriftlich orientierte Unterrichts- oder Bildungssprache in der Schule stellt Zweitsprachler oft vor große Probleme (vgl. RÖSCH ⁴2011: 18–21, RÖSCH 2011a: 79–93): Die Schüler werden nicht nur in Fachtexten mit einer ela-borierten Sprache voller Fachbegriffe, Abstrakta und hypotaktischer Satzstrukturen konfrontiert, sondern sollen zunehmend selbst eine registeradäquate Sprache im mündlichen sowie schriftlichen Bereich entwickeln. Nötig für diesen Prozess sind der Aufbau einer präzisen Lexik, das Wissen über differenzierte sprachliche Register sowie die

Alltagssprache vs. Bildungs-sprache

Fähigkeit, Texte mit hoher fachsprachlicher Informationsdichte verstehend zu lesen, adressatengerecht aufzuarbeiten und wiederzugeben. Verstärkt werden die Probleme, da diese sprachlichen Anforderungen in der Alltagskommunikation eher selten vorkommen (vgl. RÖSCH [4]2011: 21). Um dieser Herausforderung begegnen zu können, muss Sprache an sich Unterrichtsthema werden. Um jedoch angemessen über Sprache reden und nachdenken zu können, ist es unerlässlich, grundlegende Kenntnisse in Grammatik und Fachterminologie zu erwerben, ein Faktum, das zu den festen Topoi altsprachlicher Fachdidaktik gehört (vgl. KIPF 2006: 243 ff.; KUHLMANN 2009: 69 ff.). Dabei ist es bemerkenswert, dass sich Stimmen, die einen expliziten Grammatikzugang für das Zweitsprachenlernen fordern, immer stärker Gehör verschaffen (z.B. RÖSCH 2007: 192, KNIFFKA/SIEBERT-OTT [2]2009: 186, JEUK 2010: 136 f.). Man kann implizite und explizite Grammatikvermittlung u.a. folgendermaßen differenzieren (vgl. LÜTKE 2011: 34):

Implizit-formbezogen	Explizit-formbezogen
• Die Aufmerksamkeit wird durch das Sprachphänomen erzeugt.	• Die Aufmerksamkeit wird auf das Sprachphänomen gelenkt.
• Schwerpunkt des Unterrichts ist die inhaltliche Kommunikation.	• Schwerpunkt des Unterrichts ist die Auseinandersetzung mit den Sprachphänomenen.
• Die zielsprachliche Struktur wird kontextualisiert und beiläufig in der inhaltlichen Kommunikation geübt.	• Die zielsprachliche Struktur wird dekontextualisiert und in kontrollierten Kontexten geübt.
• Metasprache wird nicht verwendet.	• Die Erläuterung der Struktur erfolgt auch in der Metasprache.

In einem die Grammatik explizit thematisierenden Unterricht soll das Interesse der Lernenden auf das sprachliche Problem gelenkt werden, wobei Anregungen zur selbstständigen Überprüfung, Erläuterung und Korrektur gegeben werden. (vgl. RÖSCH [4]2011: 43 f.) Grammatisches Wissen darf jedoch nicht auf eine formale Ebene beschränkt werden, sondern muss zum richtigen Sprachgebrauch anleiten. „Dazu gehören die Entfaltung des Sprachgefühls, der Aufbau eines fundierten expliziten Sprachwissens sowie die Ausbildung einer altersentsprechenden Sprachbewusstheit." (RÖSCH [4]2011: 43) Hierfür sieht

Grammatisches Wissen

RÖSCH den frühzeitigen Erwerb metasprachlicher Fähigkeiten als unerlässlich an (vgl. RÖSCH [4]2011: 43). LÜTKE weist in diesem Zusammenhang einleuchtend darauf hin, dass ein grundsätzlich induktiv angelegter Sprachunterricht die Fähigkeit zur selbstständigen Regelbildung und -überprüfung bietet, da er einen expliziten Fokus auf das Sprachproblem lenkt (vgl. LÜTKE 2009: 161). Die Ausbildung und Verwendung grammatischer Metasprache hat somit die grundlegende Funktion, die Lernenden dauerhaft zu befähigen, selbstständig sprachliche Probleme zu formulieren und mit anderen darüber zu kommunizieren.

Dieser Ansatz ist auch insofern bedeutsam, wenn man bedenkt, dass sowohl Muttersprachler als auch Schüler ndH allzu häufig weder über systematisch vermittelte Grammatikkenntnisse in Erst- und Zweitsprache noch über das nötige metasprachliche Wissen einschließlich der zugehörigen Fachbegriffe verfügen, was selbst noch in der Sekundarstufe I zu beobachten ist (vgl. JEUK 2010: 43 f.). Man geht sogar davon aus, dass mit zunehmendem Alter Interferenzfehler auf grammatischer Ebene zunehmen können (JEUK 2010: 44), was eine Reflexion über eben diese grammatischen Strukturen nötig macht. Daher ist es für einen erfolgreichen Zweitspracherwerb eminent wichtig, dass im Unterricht eine Minimalgrammatik einschließlich der Fachbegriffe vermittelt und in allen Fächern angewendet wird (vgl. RÖSCH [4]2011: 60–62).

Metasprache

Zusätzlich hält die schulische Bildungssprache für Nichtmuttersprachler Stolpersteine bereit, die nicht nur den Spracherwerb, sondern auch schulische Lernprozesse deutlich erschweren. Bereits 3 % unverstandener Wörter schränken das Textverständnis erheblich ein (vgl. APELTAUER 2010: 10). Die Fülle der Probleme ist schnell zu benennen: Schulbuchtexte enthalten ein differenziertes Fachvokabular und oftmals komplizierte Satzstrukturen. Insbesondere der häufige Gebrauch von Proformen macht es den Schülern ndH oft unmöglich, den Inhalt zu verstehen. Häufig sind es auch die für das Deutsche typischen komplexen Wortzusammensetzungen (z.B. *Textvorerschließungsübungssequenz*) oder fachspezifische Kollokationen (z.B. *eine Senkrechte errichten*), über die die Schüler stolpern, wenn sich die Zerlegung in die Einzelwörter als schwierig erweist oder Wortbestandteile unbekannt sind. Bei mehrgliedrigen zusammengesetzten Substantiven bereiten zudem die Genusmarkierung und der Gebrauch des Artikels Probleme. Auch die Bedeutung eines Kompositums lässt sich oftmals nicht aus den Grundbedeutungen der Einzelwörter

Stolpersteine

erschließen (z.B. *Eselsbrücke, Sauerstoff*) (vgl. RÖSCH [4]2011: 100), Polyseme (z.B. *Zylinder* – als Hut vs. als geometrischer Körper) oder Homonyme (z.B. *wiegen* – *ein Kind wiegen* vs. *sich selbst/etwas auf einer Waage wiegen*) sind häufig schwer zu erfassen. In Kapitel 3 werden weitere typische Stolpersteine der deutschen Grammatik benannt.

1.5 Durchgängige Sprachbildung im Fachunterricht

Sprachbildung für Schüler ndH wird nicht mehr allein als Proprium von Deutsch als Zweitsprache begriffen, sondern in zunehmendem Maße als Aufgabe aller Schulfächer. Bei dem Begriff der *Durchgängigen Sprachbildung*, der im Modellprogramm *FörMig – Förderung von Kindern und Jugendlichen mit Migrationshintergrund (2004–2009)* für die Umsetzung an den Schulen Berlins konkretisiert wurde, geht es daher um einen fächerübergreifenden Ansatz zur Sprachbildung, in dem auch das Fach Latein einen wichtigen Platz einnehmen kann.

FörMig

Dimension der durchgängigen Sprachförderung

Übergang
Kita – Grundschule

Übergang
Grundschule – Sek I

Zweitsprache

Unterrichts-
ergänzende
und außerschulische
Sprachförderung

Sprachförderung in
allen Fächern
Verbindung von
Sach- und
Sprachlernen

Einbeziehen von
Eltern/Familien

Erstsprache

Übergang
Sek I – Sek II/Beruf

Auf der horizontalen Ebene dieses Konzepts steht die zentrale Forderung nach einer Sprachförderung in allen Unterrichtsfächern und nicht die bloße Delegierung dieser Aufgabe an den Deutsch- oder DaZ-Unterricht (vgl. FÖRMIG-TRANSFER BERLIN 2009: 9). Bereichert

wird dies durch unterrichtsergänzende und außerschulische Sprachförderung, die vor allem durch Förderunterricht und Zusatzangebote
im Nachmittagsunterricht verwirklicht wird. Als dritte Säule auf der
horizontalen Ebene wird die Kooperation mit den Eltern der DaZ-
Lernenden angestrebt, was z.b. durch die Etablierung sog. *Elterncafés*
umgesetzt werden kann.

Für die vertikale Dimension ist die Gestaltung der Übergänge
zwischen den Bildungseinrichtungen entscheidend (vgl. FÖRMIG-
TRANSFER BERLIN 2009: 10): Hierbei steht die Kooperation zwischen
Kitas, Grundschulen, weiterführenden Schulen und auch Hochschu-
len im Mittelpunkt.

Schließlich verdient eine horizontale Dimension besondere
Beachtung, nämlich die produktive Verbindung von Erst- und Zweitsprache (vgl. FÖRMIG-TRANSFER BERLIN 2009: 11): Die Lehrkräfte
müssen sich bewusst machen, dass eine gut ausgebildete Erstsprache
auch den Zweitspracherwerb des Deutschen stützen kann, und sollten somit die Herkunftssprache auch als Lernressource in Betracht
ziehen. Im Lateinunterricht kann gerade diese Forderung durch kontrastive Sprachvergleiche (vgl. Kapitel 3), aber auch durch interkulturelle Lernarrangements (vgl. Kapitel 2.4, 4.7), erfüllt werden. Für den
Lateinunterricht besteht also wie für jedes andere Unterrichtsfach die
Verpflichtung zu einer fachintegrierten Sprachförderung der DaZ-
Lernenden (vgl. FÖRMIG-TRANSFER BERLIN 2009: 4 ff.). Das Programm
FörMig hat für einen derartig ausgerichteten Unterricht sechs prä-
gende Merkmale identifiziert:

1. Ressourcenorientierung statt Fokussierung der Defizite
Es ist Aufgabe der Lehrkräfte, nicht nur die Defizite ihrer Lerngruppen
im Auge zu behalten, sondern vielmehr zu analysieren, welche sprachlichen Ressourcen und Kompetenzen bereits vorhanden sind und
wie man diese ausbauen kann.

2. Diagnose und individuelle Förderung
Eine Grundvoraussetzung für individuelle Sprachförderung ist die
Diagnose des Sprachstands. Es gibt mittlerweile viele Testinstrumente
und Diagnosebögen zur Erhebung der Sprachstände im Grundschul-
bereich (u.a. auch vom Programm FörMig, vgl. Kapitel 5). In der
Sekundarstufe I und insbesondere in der Sekundarstufe II fehlen solche Diagnoseinstrumente jedoch (vgl. JEUK 2010: 83). Entsprechend
sollte die Diagnosekompetenz der Lehrkräfte bereits in der Ausbildung geschult und durch die Schulen unterstützt und gefördert

werden.[2] Durch die Durchsicht der Klassenarbeiten und anderer schriftsprachlicher Produkte der Schüler ndH, aber auch durch das Zuhören im Unterrichtsgespräch können Lernstände beobachtet, analysiert und durch unterrichtliche Maßnahmen weiterentwickelt werden. Wichtig ist es dabei, sich nicht auf eine Momentaufnahme zu beschränken, sondern auch die Lernprogression und die Entwicklung sprachlicher Kompetenzen durchgängig im Blick zu behalten (vgl. Kapitel 5).

3. Sprachbewusster Unterricht

Ein sprachbewusster Unterricht ist dadurch gekennzeichnet, dass die Anforderungen, die Aufgaben und Texte stellen, den Lernenden bewusst gemacht und mit ihnen auf mögliche Probleme hin analysiert werden. Der sprachliche Input in der Schule ist zumeist die einzige Quelle für die schriftsprachlich ausgerichtete Bildungssprache. Es ist entscheidend, diese also nicht auf einem niedrigen Niveau zu belassen, sondern gezielt auszuweiten (vgl. FöRMIG-TRANSFER BERLIN 2009: 6): Die Lehrkräfte haben die Verantwortung für einen reichhaltigen, variationsreichen sprachlichen Input.

4. Sprachintensiver Unterricht

Die Schüler ndH müssen im Unterricht vielfache Anlässe erhalten, ihre Textkompetenzen aktiv zu nutzen und auszubauen. Zum einen bei der Rezeption, also dem Lesen und Hören, zum anderen in der Produktion beim Sprechen und Schreiben. Kooperative Lernformen und interessante Inhalte scheinen für Sprachlernende dabei besonders günstig zu sein. „Zum sprachintensiven Unterricht gehört es auch, den Regelbildungsprozess in Hinblick auf sprachliche Strukturen

Produktion

---

[2] Hierbei handelt es sich um verschiedene Testverfahren. So empfiehlt z.B. RÖSCH Profilanalysen (RÖSCH 2011a: 51–56) und den C-Test (RÖSCH 2011a: 57–59). Beide Tests können von den Lehrkräften individuell für ihren Unterricht und ihre Lerngruppe erstellt werden. Weitere Hinweise zu den Testverfahren sind bei den Entwicklern nachzulesen (zur Profilstufenanalyse z.B. WILHELM GRIESSHABER (http://spzwww.uni-muenster.de/~griesha/index.html), zum C-Test RUPPRECHT BAUR und MELANIE SPETTMANN (http://www.uni-due.de/imperia/md/content/prodaz/c_test_einsatzmoeglichkeiten_daz.pdf). Beide Testverfahren werden in der derzeit an der Humboldt-Universität zu Berlin durchgeführten empirischen Studie *Pons Latinus* angewendet und bieten eine auch für Lehrkräfte hinreichend valide Methode zur Erfassung der deutschen Sprachkompetenzen. Weitere Informationen in Kapitel 5.

anzuregen […] sowie sprachliche Strukturen zu üben." (FöRMig-Transfer Berlin 2009: 7)

5. Bildungssprache als Ziel
Die Bildungssprache wird vor allem durch schriftsprachliche Merkmale charakterisiert. Es kommt darauf an, zunehmend kontextunabhängig und allein mit sprachlichen Mitteln Inhalte zu erschließen, mit ihnen zu arbeiten und Texte zu produzieren (vgl. FöRMig-Transfer Berlin 2009: 7f.).

6. Scaffolding – Lerngerüste
Unter diesem Konzept ist der „Bau von Lerngerüsten" zu verstehen (vgl. Kniffka/Siebert-Ott ²2009: 108 ff., Jeuk 2010: 42, Rösch 2011a, 72). Dieses Konzept geht auf die sozial-konstruktivistische Lerntheorie zurück, die besagt, dass Kinder und Jugendliche besonders durch die Unterstützung erfahrener Sprecher lernen (vgl. FöRMig-Transfer Berlin 2009: 8). Entsprechend sollten die für eine sprachliche Aufgabe nötigen Mittel bereitgestellt werden (Wortschatz, Strukturen) (vgl. Kapitel 4.5). Unter der Zielvorstellung „Aufbau von Bildungssprache" kommt es allgemein darauf an, Gerüste oder Brücken vom umgangssprachlichen, handlungsbegleitenden Sprechen bis zur bildungssprachlichen Textkompetenz zu bauen (vgl. FöRMig-Transfer Berlin 2009: 8, vgl. Kapitel 4.6).

2. Latein als Brückensprache

2.1 Ausgangslage des Lateinunterrichts

Grammatik
und Krieg

Der altsprachliche Unterricht hat sich in den letzten 40 Jahren stark gewandelt. Insbesondere der Lateinunterricht erschien lange Zeit als ein immergleicher Wechsel zwischen zwei Fixpunkten, zwischen Grammatik und Krieg, angereichert mit jeder Menge an römischem Mannestum (vgl. KIPF 2006: passim). Latein war nach den Worten des Berliner Schulsenators CARL-HEINZ EVERS das Fach „der inhaltlosen Inhalte" (KIPF 2006: 183), nicht wenige Fachvertreter wähnten sich zuvörderst im Dienst gymnasialer Auslese und blickten oft hochmütig auf andere Schulfächer herab. Erstmals in der bewegten Geschichte des altsprachlichen Unterrichts hätte nicht viel gefehlt und die beiden alten Sprachen wären in den stürmischen Bildungsreformen der 70er Jahre des 20. Jahrhunderts fast von einem Tag auf den anderen abgewickelt worden (vgl. KIPF 2006: 185 ff.). In Folge dieses fast traumatischen Erlebnisses kam es bekanntlich zu einem grundsätzlichen didaktischen Umdenken. Nirgends wurde dieser Wandel des Faches seit den 70er Jahren deutlicher und in der Praxis spürbarer als an seinen Unterrichtsmaterialien: Im Laufe der letzten fünf Jahrzehnte wurden für den Lateinunterricht unter großem Legitimationsdruck vier neue und jeweils innovative Lehrbuchgenerationen entwickelt, ohne dass ein Ende absehbar ist (vgl. KIPF 2008: 182). Die grundsätzlichen didaktischen Prinzipien dieser Bücher sind klar: Grundlage der Spracharbeit bilden nicht mehr wie vor 1970 tendenziell sinnfreie Einzelsätze, sondern lateinische Texte mit Themen von der Antike bis zur Neuzeit, die intensive Sprach- bzw. Textreflexion erfordern, im Laufe des Lehrgangs immer weiter an originales Latein angelehnt werden und durch eine immer stärkere Konzentration der sprachlichen Phänomene und des Wortschatzes gezielt auf die Originallektüre vorbereiten sollen.

Neuer LU

Man ist weit entfernt von den tristen Bleiwüsten der 50er und 60er Jahre; die Bücher sind durch eine konsequente Verbindung von Sprache und Inhalt gekennzeichnet, die Methoden wurden erheblich differenziert und die Lehrwerke grafisch aufwändig gestaltet. Lateinbücher sind entgegen immer noch weit verbreiteten Vorurteilen nicht mehr grau, sondern tatsächlich bunt – grafisch und vor allem inhaltlich. Auch der Literaturunterricht hat sich verändert: So wurde bis in die letzten Jahre nicht nur der Kanon der Autoren erheblich in Richtung Spätantike, Mittelalter und Neuzeit ausgeweitet, sondern auch die methodische Differenzierung der Lektüreformen ist groß mit einem entsprechend vielfältigen Angebot an Schultextausgaben. Überhaupt werden in immer größerem Maße neue Methoden und Sozialformen im Unterricht verankert: Offene und projektartige Formen sind längst keine Fremdkörper mehr und gehören für immer mehr Latein- und Griechischlehrer zum gewohnten methodischen Repertoire (vgl. Kipf 2006: 341 ff.; Kipf 2008: 182 f.). Vor diesem Hintergrund lassen sich die aktuellen Ziele des Lateinunterrichts in drei Bereiche zusammenfassen (vgl. Kipf 2013: 265 f.):

1. Sprachbildung im Lateinunterricht

Das Lateinische soll als Reflexionssprache einen spezifischen Beitrag zur Entwicklung sprachlicher Fähigkeiten leisten, und zwar als „Modell von Sprache", um ein grundsätzliches Bewusstsein dafür zu schaffen, wie eine Sprache funktioniert. Da die meisten europäischen Sprachen einen hohen Anteil an lateinischen Ursprüngen aufweisen, bietet der Lateinunterricht ebenfalls gute Anknüpfungs- und Vertiefungspunkte zu den modernen Fremdsprachen und kann als Transferbasis zur Förderung einer reflexionsbasierten Mehrsprachigkeit beitragen. Andererseits fördert das Übersetzen lateinischer Texte die Entwicklung der konzeptionellen Schriftlichkeit (vgl. Kapitel 1.4) im Deutschen, indem die Schüler lernen, genau hinzusehen, geeignete Wörter und Ausdrücke zu suchen, sie kritisch zu prüfen, auszuwählen und kreativ anzuwenden.

Reflexionssprache

2. Latein als europäisches Grundlagenfach

Der Lateinunterricht versteht sich als „Schlüsselfach der europäischen Tradition" (Fuhrmann 1976), um den Lernenden einen fundierten Zugang zur europäischen Kulturtradition zu erschließen, historisches Bewusstsein zu stärken und einen wichtigen Beitrag zur Förderung einer gemeinsamen europäischen Identität zu leisten. Dies wird konkretisiert in den Bereichen Literatur und Mythos, Geschichte und Politik, Philosophie, Religion und materieller Kultur.

Schlüsselfach der europäischen Tradition

3. Grundfragen menschlicher Existenz im Lateinunterricht

Die im Unterricht behandelten lateinischen Texte aus Antike, Mittelalter und Neuzeit bieten Denkmodelle zur exemplarischen Darstellung und Erörterung von Problemen menschlicher Existenz. Den Kindern und Jugendlichen wird ermöglicht, distanzierter, neutraler und differenzierter auf die eigene Position zu blicken, ggf. den eigenen Standpunkt in Frage zu stellen und Alternativen für das eigene Leben und Denken zu erörtern.

Denkmodelle

2.2 Lateinunterricht und Zweitspracherwerb

Heterogenität Trotz aller Bemühungen, den Lateinunterricht als ein modernes Fach
zu begründen, das für Schüler unterschiedlicher Begabungen in unterschiedlichen Lehrgangsformen vielfältige Bildungspotenziale bereithält, trotz aller Versuche, der wachsenden Heterogenität auch im Lateinunterricht gerecht zu werden (z.B. Scholz/Weber 2010), wurde ein
wesentlicher Gesichtspunkt bisher nicht in den Blick genommen: So
blieb die Tatsache einer zunehmend interkulturell zusammengesetzten
Schülerschaft, abgesehen von eher holzschnittartigen Allgemeinplätzen
im Rahmen der Fachlegitimation (vgl. Maier 2008: 33), bis vor kurzer
Zeit praktisch unbeachtet. Letztlich sind Lateinschüler immer noch
ausschließlich deutsche Muttersprachler! Zwar wurde im Jahr 2000
ein Erfahrungsbericht von Carola Fengler über den Lateinunterricht mit Schülern ndH vorgelegt, der gleichwohl nicht die erhoffte
breite Resonanz in der fachdidaktischen Diskussion erzeugte. Bis auf
den heutigen Tag ist bis auf eine einzige Ausnahme kein modernes
Lateinlehrwerk auch nur ansatzweise auf die Bedürfnisse von Zweitsprachlern eingestellt (vgl. Kipf 2010: 182).

Wer jedoch glaubt, dass das Phänomen einer sich rasant wandelnden, multikulturell verorteten Schülerschaft nichts mit dem Lateinunterricht als typischem Gymnasialfach zu tun habe, unterliegt einem
grundsätzlichen Irrtum. Latein ist als drittstärkste Gymnasialfremd-
sprache vom Kontakt mit Schülern ndH nicht nur nicht ausgeschlossen,
sondern in allen deutschen Ballungsräumen direkt konfrontiert. So
haben etwa in Berlin 23.3% der Gymnasiasten eine andere Muttersprache als Deutsch (vgl. Senator für Bildung, Jugend und Wissenschaft 2013: 8), in einigen Bezirken sogar jeder zweite. Auch wenn
bisher kein konkretes Zahlenwerk zu Schülern ndH vorliegt, muss
sich der Lateinunterricht aktiv an diese Klientel wenden, da sie eine
bisher unerschlossene Zielgruppe darstellt.

Die zentralen Thesen lauten daher:
• Das Lateinische kann als Modell distanzierter Sprachbetrachtung,
  gewissermaßen als neutrales Vergleichsmedium, das niemandes
  Muttersprache ist, als reflexionsbasierte Brückensprache zwischen
  Erst- und Zweitsprache den Zweitspracherwerb nachhaltig fördern.
• Lateinunterricht verfügt durch seine spezifischen Inhalte und Metho-
  den über erhebliche sprachliche und kulturelle Bildungspotenziale
  für Kinder und Jugendliche ndH.

Es ist unmittelbar klar, dass sich diese Thesen nicht auf einen Rand-
bereich des Lateinunterrichts beziehen, sondern den Kern des Faches
betreffen. Latein ist als sprachreflektorisch ausgerichtetes Fach gefordert
und kommt daher einem didaktischen Anspruch nach, der in den
letzten Jahren wieder verstärkt in den Fokus der Diskussion geraten
ist. Zu Recht wurde nämlich darauf hingewiesen, dass „gymnasialer
Sprachunterricht mehr gewährleisten <muss> als ‚bloßen' Spracherwerb. Allgemeingültige Erkenntnisse über die Hintergründe von
Sprache und Sprachen, Verständnis und Wissen von Sprache und
Sprachen müssen ebenso Ziele und Inhalte des Sprachunterrichts
sein." (WIRTH/SEIDL/UTZINGER 2006: 12; vgl. KIPF 2008: 186 ff.) Indem im Lateinunterricht Sprache grundsätzlich thematisiert wird,
indem metasprachliche Kompetenzen bewusst vermittelt, aktiviert und
angewandt werden und Lateinunterricht „als eine Art universelles
Sprachenpropädeutikum" (MÜLLER-LANCÉ 2001: 104) praktiziert
wird, bieten sich nicht nur Anknüpfungsmöglichkeiten im Hinblick
auf den modernen Fremdsprachenunterricht zur Förderung einer reflexionsbasierten Mehrsprachigkeit (z.B. MÜLLER-LANCÉ 2001, DOFF/
LENZ 2011, KIPF 2013a, SIEBEL 2013), sondern insbesondere auch in
Bezug auf den Zweitspracherwerb von Schülern ndH.

Dieser Zusammenhang zum Zweitspracherwerb und zur entsprechenden wissenschaftlichen Bezugsdisziplin Deutsch als Zweitsprache (DaZ) ist für eine erfolgreiche Gestaltung von Lateinunterricht mit Schülern ndH zentral. Dennoch ist es eine von Altsprachlern
bisher kaum zur Kenntnis genommene Tatsache, dass die Didaktik des
Lateinunterrichts bedeutsame strukturelle Übereinstimmungen zu
DaZ aufweist: Wertet man z.B. Publikationen von RÖSCH (z.B. 2011a
und ⁴2011) aus, sind tragende didaktische Strukturelemente zu
entdecken, die auch im Lateinunterricht von prägender Bedeutung
sind: Stichworte wie „Sprachreflexion anregen" (RÖSCH ⁴2011: 34 f.),
„metasprachliche Reflexionsfähigkeit" (RÖSCH ⁴2011: 32) oder
„Grammatik entdecken" (RÖSCH ⁴2011: 60) gehören zur didaktischen Grundausstattung. Die Entwicklung eines Bewusstseins für
Sprache und ihre Gesetzmäßigkeiten ist für Rösch ein zentrales
Unterrichtsziel, ohne das die positive Entwicklung von Sprachkompetenz unmöglich erscheint: „Ohne Begriffe wie Satz, Kasus, Genus,
Verb, adverbiale Bestimmung […], Subjekt oder Objekt […] lässt sich
auch mit SchülerInnen nicht über ihre Sprache(n) sprechen. Der
konsequente Gebrauch einer grammatischen Terminologie hilft DaZ-
SchülerInnen, die Systematik der deutschen Sprache zu durchdringen,

Marginalien: Sprachbildung · DaZ · Sprachbewusstsein

Explizite Grammatik-vermittlung

sich über sie zu verständigen, Fehlerquellen zu erkennen und ihr Regelwissen zu verinnerlichen." (RÖSCH [4]2011: 62) Derartige Prinzipien können ohne Weiteres auf den Lateinunterricht bezogen werden, zumal im DaZ–Bereich die Effekte lediglich impliziter Grammatikvermittlung zunehmend kritisch eingestuft und die Möglichkeiten expliziter Grammatikdurchnahme intensiv erörtert und erforscht werden (vgl. RÖSCH 2007). Es fallen aber noch weitere Übereinstimmungen auf: In beiden Fächern geht es um eine auf Inhalte gestützte Textproduktion – im DaZ-Unterricht durch die Auseinandersetzung mit deutschen Texten, im Lateinunterricht durch die Übersetzung aus dem Lateinischen ins Deutsche. Wer jemals Lateinunterricht mit Schülern ndH beobachtet oder durchgeführt hat, erkennt sofort, wie intensiv beim Übersetzen um deutsche Formulierungen gerungen wird. Prüft man ferner die Übungen, die nach DaZ-Gesichtspunkten konzipiert wurden, finden sich bekannte Elemente aus dem Lateinunterricht: Wir entdecken Deklinationsparadigmata, Lückentexte oder Übungen zur Satzteilbestimmung. Überdies wird in beiden Bereichen die Entwicklung von Mehrsprachigkeit (vgl. SIEBEL 2013 und KIPF 2013a) als wertvolles Element der Sprachförderung angesehen,

Konzeptionelle Schriftlichkeit

um durch Sprachvergleiche Sprachbewusstsein zu entwickeln (vgl. RÖSCH [4]2011: 58 ff.). Auch das oben erwähnte Prinzip der konzeptionellen Schriftlichkeit (vgl. KNIFFKA/SIEBERT-OTT [2]2009: 57; vgl. Kapitel 1.4) ist für den Lateinunterricht von größter Bedeutung. Im Lateinunterricht muss „eine sprachliche Vorlage genau analysiert und eine dazu adäquate deutsche Formulierung gefunden werden. Das Umsetzen lateinischer Texte ins Deutsche zwingt den Schüler, auch Wörter und Konstruktionen zu benutzen, die er sonst vermieden hätte." (FENGLER 2000: 4 f.) Es ist daher zu vermuten, dass Lateinunterricht Vermeidungsstrategien von Zweitsprachlern entgegenwirken kann, um die sprachlichen „Schwierigkeiten zu vertuschen", da sich die Schüler i.d.R. problemlos verständlich machen und fließend sprechen können, „was die Aufmerksamkeit für strukturelle Fehler sinken lässt." (RÖSCH [4]2011: 20) Den in der Forschung beschriebenen Fossilierungen (vgl. Kapitel 1.3) könnte so auch im Lateinunterricht gezielt und kontinuierlich abgeholfen werden (KNIFFKA/SIEBERT-OTT [2]2009: 56 f.). Besonders hervorzuheben ist schließlich, dass in beiden Fächern das Deutsche zugleich Unterrichts- und Zielsprache ist. Ein erfolgreicher Lateinunterricht, in dem die zielsprachenorientierte Übersetzung lateinischer Texte im Mittelpunkt steht, ist somit immer an die Kompetenz in der Zweitsprache Deutsch gekoppelt.

Es liegt daher im ureigensten Interesse des Lateinunterrichts, dass alle seine Schüler – nicht nur die mit der Erstsprache Deutsch – über angemessene Deutschkenntnisse verfügen und diese kontinuierlich weiterentwickeln. Da zudem Sprachförderung mittlerweile mit vollem Recht als Querschnittaufgabe aller Fächer angesehen wird (z.B. AHRENHOLZ ²2010, LEISEN 2010; vgl. Kapitel 1.5), kann und muss der Lateinunterricht einen eigenen Beitrag leisten. Aufgrund der Struktur und der Inhalte des Faches sollte er hierzu in besonderem Maße geeignet sein.

2.3 Latein als sprachliche Brücke

Dem Lateinischen kommt die Funktion einer Brücke zwischen Erst- und Zweitsprache zu. Das Konzept von Brückensprachen ist in der Fremdsprachendidaktik bereits seit einiger Zeit etabliert, und zwar insbesondere im Bereich der sog. Interkomprehensionsdidaktik (vgl. MEISSNER 2005). Hierbei ist immer dann von „Brückensprachen die Rede, wenn eine dem Sprecher bekannte Sprache als Brücke zur Annäherung an weitere Sprachen benutzt wird" (CHRIST 2004: 35) und „bei Bedarf den beschleunigten Einstieg in eine ganze Gruppe von Sprachen ermöglicht" (KLEIN 2002: o.S.). Voraussetzung zur kognitiven Nutzung von interlingualen Transferbasen ist die typologische Verwandtschaft von Sprachen. So wird beispielsweise Französisch als die romanische Brückensprache, d.h. „als Transferbasis für die übrigen Idiome ihrer Sprachfamilie" (KLEIN 2002: o.S.), empfohlen, da in ihr besonders gut übergreifend wirksame panromanische Sprachstrukturen (Lexik, Morphosyntax) ausgeprägt seien, auf deren Grundlage erfolgreich rezeptive Kompetenzen für den Zugang zu den anderen romanischen Sprachen vermittelt werden könnten. Der Lateinunterricht wird in diesem Zusammenhang zumeist als problematische Brücke zu den romanischen Sprachen eingestuft, da das „genetische Näheverhältnis [...] durch typologische Ferne konterkariert" (KLEIN 2002: o.S.) werde und sich in einer „radikalen Reduzierung und Umstrukturierung des Flexionsinventars und seiner Funktionen" vom klassischen Schullatein hin zu den romanischen Sprachen niederschlage (KLEIN 2002: o.S.; ferner vgl. NEVELING 2006).

Der hier zugrunde liegende Begriff des Lateinischen als Brückensprache, der in Bezug auf das Verhältnis des Lateinunterrichts zu den

Brücken-
sprache
Französisch

Brücken-
sprache Latein

romanischen Sprachen ebenfalls im gebräuchlichen Sinn verwendet wird (z.B. NAGEL 1997), geht über die Interkomprehensionsdidaktik deutlich hinaus. Zunächst besteht ein grundsätzlicher Unterschied darin, dass immer drei Sprachen miteinander in Bezug gesetzt werden: Die Erstsprache (L1), die Zweitsprache (L2) und Latein, mithin Sprachen, die nicht zwangsläufig in einem Verwandtschaftsverhältnis stehen müssen, sondern neben Gemeinsamkeiten auch Unterschiede aufweisen. Latein hat dabei nicht die Funktion, die wesentlichen Charakteristika von Erst- und Zweitsprache nach typologischen Gemeinsamkeiten zu bündeln (wie im Falle des Französischen als panromanischer Brücke), sondern als neutrales Vergleichsmedium Struktur und Funktion sprachlicher Phänomene auf dem Wege der metasprachlichen Reflexion bewusst und durch aktive Textproduktion beim Übersetzen abrufbar zu machen. Latein wurde in diesem Zusammenhang sogar als eine „gerechte Sprache" (KIPF 2011, o.S.) bezeichnet, weil es niemandes Muttersprache ist und man sich für dessen Erwerb auch nicht durch einen Sprachurlaub einen Vorteil verschaffen kann. Das vermeintlich elitäre Fach Latein kann auf diese Weise einen unerwartet egalitären Charakter erhalten.

Sprach-
vergleich

Insgesamt muss ein erfolgreicher linguistischer Transfer mittels der Brückensprache Latein nicht darauf ausgerichtet sein, lediglich aufgrund von Ähnlichkeiten den Zugang zu anderen Sprachen zu ermöglichen. Es kommt vielmehr darauf an, die zwischen den beteiligten Sprachen vorhandene sprachliche Nähe und Alterität so zu nutzen, dass die Zweitsprachkompetenz mit Hilfe der Reflexionsbrücke Latein als neutralem tertium comparationis gefördert wird. Erst durch Reflexion, und zwar durch expliziten Sprachvergleich mit Latein als Brücke, soll es zu einer bewusstseinsgesteuerten Sprachverwendung in der Zweitsprache kommen. Der Sprachvergleich, dessen didaktische Leistungsfähigkeit immer wieder thematisiert wurde (vgl. BLÄNSDORF 2003 und 2006; WIRTH/SEIDL/UTZINGER 2006: 184f.), nimmt in diesem Lateinunterricht eine zentrale Funktion ein und muss daher methodisch differenziert und passgenau zum Einsatz kommen. So zielt der Sprachvergleich „auf die Erkenntnis der Eigentümlichkeit der einzelnen Sprache. Denn erst der Vergleich öffnet den Blick für die spezielle Struktur des Sprachsystems und seiner Teile und führt zu der Erkenntnis, dass viele für natur- oder sachgegeben angesehene Strukturen oder Regeln der eigenen Sprache in anderen Sprachen anders angelegt oder gar nicht vorhanden sind." (BLÄNSDORF 2003: 8)

In diesem Zusammenhang scheint es überlegenswert, die von WAIBLINGER (1998) mit großem Nachdruck vertretene These, dass der Sprachunterricht effektiver als bisher auf dem Wege einer zweisprachigen Instruktion durchgeführt werden könne, vor allem für den Unterricht mit Zweitsprachlern in Betracht zu ziehen. Da der unmittelbare Sprachvergleich zwischen dem Lateinischen und dem Deutschen in WAIBLINGERS Konzept eine zentrale Rolle spielt, erscheint dieser an COMENIUS' berühmtem *Orbis Pictus* orientierte Ansatz durchaus lohnend und gerade für Zweitsprachler in seiner strukturierten und den Unterricht entlastenden Funktion angemessen: „Der Schüler lernt das Neue weder in lernpsychologisch absurder Weise isoliert noch in ebenso unfruchtbarer Art aus einem unverstandenen, undurchschauten, rätselhaften Zusammenhang, sondern durch die Gegenüberstellung im Deutschen. Er lernt, indem er vergleicht, indem er immer wieder erkennt: diesem Wort, dieser Wortgruppe, diesem Satz entspricht im Deutschen dieses Wort, diese Wortgruppe, dieser Satz." (WAIBLINGER 1998: 15) Zu einem derartig ausgerichteten Unterricht mit Schülern ndH existieren mittlerweile empirisch abgesicherte Forschungsergebnisse: In einer Interventionsstudie zum vergleichenden Tempusgebrauch im Lateinischen und Deutschen (GROSSE 2011) wurde erfolgreich mit Hilfe zweisprachiger Instruktion gearbeitet. So wurde die Unterrichtseinheit „durch eine zweisprachige Exposition" eines überarbeiteten Lektionstextes begonnen, „anhand derer die Schüler durch Sprachvergleich in tabellarischer Form selbstständig Gemeinsamkeiten und Unterschiede im Lateinischen und Deutschen" erarbeiteten. (GROSSE 2011: 40; vgl. Kapitel 4.3)

zweisprachige Instruktion

Im Gesamtkonzept eines sprachbildenden Lateinunterrichts darf jedoch auch die Erstsprache nicht außer Acht gelassen werden: Es ist unerlässlich, dass auch die Lateinlehrkraft über elementare, zumindest rezeptive Kenntnisse in der jeweiligen Herkunftssprache ihrer Schüler verfügt. Nur unter dieser Voraussetzung kann man überhaupt einschätzen, mit welchen sprachlichen Schwierigkeiten aufgrund von Unterschieden oder Ähnlichkeiten zwischen L1 und L2 zu rechnen ist. Zu Recht wird auch im DaZ-Bereich intensiv diskutiert, die Erstsprachen in den Unterricht einzubeziehen: „Da sich in der Forschung herausgestellt hat, dass Menschen dazu neigen, häufig verwendete Mittel einer Sprache auf eine neue zu übertragen, kann die Lehrkraft […] gezielt mit einer Bewusstmachung durch einen Sprachvergleich den SchülerInnen helfen, Fehler zu vermeiden […]." (RÖSCH [4]2011: 59; vgl. hierzu ausführlich Kapitel 3)

Herkunfts- sprachen einbeziehen

Ein besonders anschaulicher Fall für einen solchen Sprachvergleich ist der Gebrauch des Artikels, den es als bestimmten Artikel
bekanntlich im Türkischen nicht gibt und der Zweitsprachlern aufgrund der Alterität zum Deutschen Probleme bereitet: „Im mündlichen Gebrauch der deutschen Sprache meiden Schüler den Gebrauch der Artikel: ‚Gib ma (‘n) Ball!‘ Im Deutschunterricht wird
dem Schüler beim Diktat der richtige Artikel vorgegeben, im Aufsatz
kann er sich auf Wörter beschränken, deren Genus er [...] kennt."
(FENGLER 2000: 5; vgl. Kapitel 3.1) Das Lateinische verfügt über keinen Artikel, steht also einerseits in deutlicher Nähe zum Türkischen,
andererseits ist die Alterität zum Deutschen deutlich. Die für den
Zweitsprachler problematische Fremdheit zwischen Erst- und Zweitsprache wird nun produktiv überbrückt: Beim Dekodieren und Rekodieren eines lateinischen Textes müssen sich die Schüler Rechenschaft darüber ablegen, an welcher Stelle sie den bestimmten, den
unbestimmten oder den Nullartikel auswählen. Auch beim Wortschatzerwerb kann diesem Phänomen wirksam Rechnung getragen
werden: „Für Schüler nicht deutscher Herkunftssprache ist es eine
große Hilfe, wenn bei Deklinationsübungen im lateinischen Anfangsunterricht immer auch das Deutsche dekliniert wird. Beim Lernen
lateinischer Substantive wird folglich nicht nur die lateinische Genitiv-
Endung und das lateinische Genus im Gedächtnis gespeichert, sondern
auch der deutsche Artikel." (FENGLER 2000: 5) Dass die gängigen
Lehrbücher nicht auf Zweitsprachler eingestellt sind, zeigt sich übrigens
ganz deutlich daran, dass in den Vokabularien in aller Regel keine
Artikel verzeichnet sind. Neueste Lehrbücher haben jedoch den bestimmten, z.T. sogar den unbestimmten Artikel in die Vokabelver-
zeichnisse wieder aufgenommen, und zwar dezidiert mit Blick auf
Zweitsprachler *(Via Mea)*. Ähnliche Potenziale des Lateinunterrichts
dürften sich auch für andere sprachliche Phänomene entwickeln
lassen, so z.B. bei der Deklination der Adjektive, der Verwendung von
Präpositionen, bei der Bildung und Verwendung des Passivs, von
Fremdwörtern und komplexeren Satzstrukturen (vgl. RÖSCH [4]2011:
18−21). Typologische Fremdheit zwischen Erst- und Zweitsprache
stellt daher kein Hindernis für die Zweitsprachentwicklung dar,
sondern erlaubt im Gegenteil sogar eine produktive Nutzung der
unterschiedlichen Typusvarianzen.

2.3.1 Ergebnisse empirischer Forschung

Im internationalen Bereich existieren z.T. schon seit längerem Hinweise zu altsprachlichen Bildungspotenzialen für Kinder und Jugendliche mit Migrationshintergrund. In einer Schule im Pariser Vorort St. Denis, der bekanntlich einen großen Bevölkerungsanteil von Immigranten aufweist, wurde von Lehrkräften das Projekt *Latin-grec thérapeutique* ins Leben gerufen, das allem Anschein nach Erfolge bei der Entwicklung der Kompetenz im Französischen erzielte und auch in anderen französischen Städten Nachahmer gefunden hat (vgl. Ko 2000: 139 ff.). Hierbei handelt es sich jedoch nicht um eine Form traditionellen Unterrichts, sondern um ein mehrstufiges Verfahren im Rahmen eines zweistündigen Kurses, der sich über ein Jahr erstreckte. Hierzu gehörte z.B. die Behandlung der griechischen und lateinischen Zahlwörter mit ihren romanischen und germanischen Ableitungen, wobei die Schüler auf dieser Basis französische Wörter erklären sollten, wie *octogone, triangle* usw. (vgl. Ko 2000: 140). Weitere Übungen thematisieren Deklinationen (mit einer elementaren Kasuslehre) sowie die Verwendung von griechischen bzw. lateinischen Präfixen in ihrer heutigen französischen Gestalt. Das Fazit der engagierten Lehrkräfte fällt positiv aus, die Beherrschung des Französischen habe sich verbessert: „Les élèveves ont le sentiment de mieux maîtriser la langue française." (Ko 2000: 146)

> Latin-grec thérapeutique

Aufmerksamkeit erregt das 2006 in London ins Leben gerufene *IRIS-Project* (http://irisproject.org.uk), „an educational charity introducing the languages and culture of the ancient world to UK state schools in order to enrich the curriculum." Die Initiatoren konzentrieren sich auf Kinder und Jugendliche aus sozial benachteiligten Innenstadtregionen, um sprachliche und kulturelle Bildungsnachteile auszugleichen: „We are the first organisation to design and run a scheme which delivers Latin on the literacy curriculum in state primary schools, as well as to target our project at schools in deprived regions of the UK, where literacy levels are often low and many children are on free school meals. We have worked with thousands of pupils and hundreds of schools to improve literacy, confidence and enjoyment of language through our work." (http://irisproject.org.uk/index.php/the-iris-project/mission-statement)

> IRIS-Projekt

Auch in den USA wurde immer wieder auf positive Effekte für die Entwicklung des Englischen durch Lateinunterricht an Grundschulen hingewiesen, und zwar vor allem für Kinder aus sozial benachteiligten Innenstadtbezirken mit hohem Migrantenanteil in New York, Los Angeles, Washington DC und Philadelphia. So heißt es unter Bezugnahme auf eine Studie aus dem Jahr 1978: „The results (erg. des Lateinunterrichts) dramatically demonstrated how Latin can help underpriviliged inner-city children achieve great improvement in English communication skills." (DE VANE 1997; zit. nach: http://teach.valdosta.edu/WHuitt/files/latin.html)

Pons Latinus

Diese Eindrücke werden durch die Ergebnisse empirischer Pilotstudien gestützt, die im Rahmen des interdisziplinären Berliner Projekts *Pons Latinus – Schülerinnen und Schüler nichtdeutscher Herkunftssprache lernen Latein: Modellierung und Diagnose spezifischer Kompetenzen des Lateinunterrichts zur Förderung des Zweitspracherwerbs* – seit 2008 am Ernst-Abbe-Gymnasium (EAG) in Berlin-Neukölln durchgeführt wurden. Dabei kooperieren die Disziplinen Fachdidaktik der Alten Sprachen, Deutsch als Zweitsprache, Erziehungswissenschaft, ferner Lehrkräfte der Schule (Latein und Deutsch) sowie Master-Studierende der Berliner Universitäten. Das EAG liegt im Norden des Berliner Bezirks Neukölln, der von einem hohen Migrantenanteil (ca. 35 %) und starker Arbeitslosigkeit geprägt ist. Die ca. 550 Schüler haben zu fast 90 % einen Migrationshintergrund und stammen aus über 20 Nationen. Die Schule weist Besonderheiten auf, die gerade in Bezug auf den Lateinunterricht bemerkenswert sind. Über 60 % der Schülerschaft lernen Latein als zweite oder dritte Fremdsprache ab der 7. oder 8. Klasse. Im Jahr 2011 verließen 67 % aller Abiturienten die Schule mit einem Latinum.

Empirische Studien

Im Rahmen des Projekts wurden bisher zwei empirische Untersuchungen durchgeführt: eine Befragung zur Wirkung des Lateinunterrichts (UNGER 2008) sowie eine Studie zum vergleichenden Tempusgebrauch auf der Basis von Tests, Unterrichtsbeobachtungen und Lehrerinterviews (2011). Im Zentrum der Studie aus dem Jahr 2008 stand die Befragung von 154 Schülern im Alter von 12 bis 19 Jahren. Nur 20 % der Befragten sprachen zu Hause ausschließlich Deutsch, 17 % kein Deutsch und 63 % verwendeten im häuslichen Umfeld neben Deutsch eine weitere Sprache (vgl. UNGER 2008: 66). Es wurde ein Fragebogen mit 40 Fragen entwickelt, unterteilt in zehn Kategorien, wie z.B. der Stellenwert des Faches, die Schwierigkeiten im Lateinunterricht, die Gründe für die Wahl des Faches, das Unterrichtsklima und die Lehr- und Lernmethoden. Diese Studie hatte in mehrfacher Weise Impulscharakter, methodisch wie inhaltlich. Sie lieferte erstmals methodisch korrekt erhobene Daten zu inhaltlichen

Fragen, über die bisher nur spekuliert werden konnte: Wir verfügen über dezidierte Einblicke in die subjektiven Theorien der Befragten, wobei eine hohe Relevanz des Faches für die Schüler deutlich wurde: 58 % hielten das Fach für wichtig, 19 % sogar für sehr wichtig (vgl. UNGER 2008: 68). Nicht nur dies war überraschend, sondern ein deutliches Indiz für mögliche Potenziale des Lateinunterrichts in Bezug auf die Entwicklung des Zweitspracherwerbs: 90 % aller Befragten ndH gaben an, dass sie sich durch den Lateinunterricht auch im Deutschen verbessert hätten, eine Tendenz, die auch in der jüngsten Studie von 2011 (87 %) ermittelt und auch von 77 % der deutschen Muttersprachler bestätigt wurde. 63 % sahen eine Erhöhung der Kompetenzen im Bereich der deutschen Grammatik, 40 % eine Erweiterung des deutschen Wortschatzes (vgl. UNGER 2008: 77). Überdies würden 75 % ihren Mitschülern die Wahl des Faches zur Verbesserung der Deutschkenntnisse empfehlen und das Fach wieder wählen (UNGER 2008: 77f.). Aufschlussreich waren die Aussagen der Schüler zum pädagogischen Klima im Lateinunterricht und zu den Unterrichtsmethoden. Hier wurden ganz offensichtlich die entscheidenden positiven Rahmenbedingungen für den Erfolg der Schule geschaffen: 91 % empfanden das Klima im Lateinunterricht als angenehm, 75 % der Schüler gaben an, ein gutes Verhältnis zu ihrem Lateinlehrer zu haben. 44 % der Schüler hatten den Eindruck, dass die Lehrer Bezüge zum alltäglichen Leben der Schüler herstellen. Die Mehrheit der Befragten erlebte den Lateinunterricht hinsichtlich der Sozialformen und Methoden als abwechslungsreiches Geschehen. Neben dem klassischen Frontalunterricht wurden vor allem Diskussionen, Gruppenarbeit und Lernspiele angeführt (vgl. UNGER 2008: 61). Ferner versprachen sich vor allem Schüler ndH spätere berufliche Vorteile vom Lateinunterricht (24 %), 32 % erwarteten Vorteile im Studium, etwa durch den Erwerb des Latinums. Es gibt somit deutliche Hinweise, dass das Fach als Weg zur sozialen Integration begriffen wurde (vgl. UNGER 2008: 72) und „Prestigecharakter" (UNGER 2008: 79) hatte.

In der anderen Studie (GROSSE 2011) wurde der empirische Schwerpunkt gezielt weiterentwickelt: Auf der Basis einer siebenstündigen Unterrichtsreihe wurde eine Interventionsstudie zum Tempusgebrauch im Deutschen und Lateinischen durchgeführt. Dabei wurde untersucht, ob durch den Vergleich der Sprachen tatsächlich Lernzuwächse in der Zweitsprachkompetenz erzielt werden könnten. In einem Vortest wurde zunächst das vorhandene Wissen der drei Lerngruppen (49 Schüler der 8. und 9. Klassen, davon 86 % ndH)

Positive
Bewertung
des LU

erhoben: 71% der Befragten negierten Probleme mit der deutschen Sprache (vgl. GROSSE 2011: 57), ohne jedoch ein auch nur annähernd vollständiges Bild vom deutschen Tempussystem zu haben (vgl. GROSSE 2011: 62). Auch über den Begriff *Tempus* herrschte keine klare Vorstellung, er wurde von anderen Fachtermini falsch abgegrenzt und als „Akkusativ", „Singular" oder „einfache Vergangenheit" und „Perfekt I und II" bezeichnet (GROSSE 2011: 62). Im Vortest wurden ebenfalls Probleme bei der lateinischen Tempusbestimmung, -bildung und -übersetzung festgestellt. Überdies beurteilten die Schüler die sprachliche Aufgabengestaltung im vorhandenen Lehrbuch negativ – wieder ein deutlicher Hinweis darauf, dass der deutsche Muttersprachler im Zentrum der Lehrbuchautoren steht (vgl. GROSSE 2011: 58 f.). Dann erfolgte ein Sprachvergleich mit einem lateinisch-deutschen Test zu Aeneas' Flucht aus Troia, wobei in einer Tabelle die Unterschiede zwischen beiden Sprachen herauszuarbeiten waren (vgl. Kapitel 4.3). Im Rahmen eines Gruppenpuzzles wurden in Expertengruppen dann die Details des Tempusgebrauchs im Lateinischen (Imperfekt, Perfekt, Tempusrelief) erarbeitet, woran sich die Präsentation der Ergebnisse anschloss. Den Schluss bildeten ein Test der Stammgruppen des Gruppenpuzzles (Übersetzung, Zusatzfragen) sowie ein Nachtest, um Aufschlüsse über den Lernzuwachs zu erhalten.

Lernzuwächse in der Zweitsprache

Insgesamt ergab die Studie Ergebnisse, die als valide Indizien für die angenommenen Leistungen des Lateinunterrichts gewertet werden dürfen: Im Stammgruppenabschlusstest waren 50% der Probanden in Bezug auf den Tempusgebrauch in der deutschen Übersetzung und bei der metasprachlichen Reflexion fehlerfrei. Insgesamt lieferten über 80% der Probanden sehr gute und gute Leistungen in Übersetzung und sprachreflektorischem Zusatzteil (vgl. GROSSE 2011: 73 f.). Im Nachtest konnten Lernzuwächse gegenüber dem Vortest erzielt werden, z.B. in Bezug auf das grammatische Wissen zum Tempusgebrauch (bis zu 34 % weniger Fehler). Der Anteil der Fehler im Deutschen wurde (unabhängig von der Herkunftssprache) z.T. deutlich reduziert. So sank der Fehlerquotient in allen Gruppen, und zwar bis zu 61 % (vgl. GROSSE 2011: 89). Unterrichtsbeobachtungen sowie die Einschätzung der Lehrkraft bestätigen den Lernzuwachs (vgl. GROSSE 2011: 77 f.). Seit 2012 wurde diese Form der Studie im Rahmen eines Dissertationsprojektes erheblich ausgeweitet, und zwar als zweijährige Intervention mit 7. und 8. Klassen mit ca. 200 Probanden. Inhaltlich ist das Projekt auf Artikel- und Kasusverwendung sowie auf den Gebrauch von Präpositionen fokussiert. Erste Ergebnisse weisen darauf hin, dass z.B. im Bereich der deutschen Orthografie von sprachförderlichen Effekten bei den Probanden ausgegangen werden kann, die mit Aufgaben unterrichtet wurden, die nach DaZ-Gesichtspunkten gestaltet sind.

Auch für die Gestaltung von Unterrichtsmaterialien wurden wichtige Erkenntnisse gewonnen: Gegenüber dem Vortest wurde die didaktische Passung der nach DaZ-Kriterien erstellten Materialien deutlich positiver bewertet: „Insgesamt 32 Schüler (71.1 %) stimmen der Aussage zum Abwechslungsreichtum (erg. der Aufgaben) eher oder voll zu, 37 Probanden (82.2 %) empfinden das Material sogar als eher oder sehr hilfreich. Die entsprechenden Werte lagen im Vortest im Hinblick auf das Lehrbuch bei 38.7 % (abwechslungsreich) und 50 % (hilfreich)." (GROSSE 2011: 88) Darüber hinaus wurde die Validität der bereits an anderer Stelle niedergelegten Grundsätze zur Aufgabenentwicklung bestätigt (vgl. KIPF 2010: 189–192), die hier noch einmal zusammengefasst werden sollen:

Grundsätze der Aufgabenentwicklung

1. Lateinische Unterrichtsmaterialien für Lernende ndH sind durch eine fachlich angemessene, anschauliche und zunächst nicht zu komplexe Sprache gekennzeichnet. Eine unterfordernde ‚Schonsprache' ist jedoch zu vermeiden. Arbeitsaufträge sollten nicht länger als nötig sein. Es sind anschauliche, motivierende und dabei altersgemäße Formulierungen zu wählen. Wenn es der Veranschaulichung der Übung dient, ist ein prägnantes Beispiel hilfreicher als eine längere Erläuterung. Aufforderungen (Imperative) in der Aufgabenstellung dürften für DaZ-Lernende besser verständlich sein als indirekte Fragen oder Formulierungen mit *inwiefern*.

2. Im Unterschied zum in den Lehrbüchern vorhandenen Material geht es um eine tendenziell überdeutliche Bewusstmachung ausgewählter sprachlicher Strukturelemente mit Latein als dazwischengespannter Brücke. Für die Machbarkeit jeglicher Übung und die Aufrechterhaltung der Motivation ist Phänomenreduktion geboten. Übungen sollten immer die Möglichkeit zur Anwendung und Festigung von Erarbeitetem beinhalten, anstatt rein deduktiv einige Beispiele für das Phänomen vorzugeben – in der Hoffnung auf den *intake* der Information. Die Progression innerhalb der Arbeitsaufträge ist daher sorgfältig zu beachten. Darüber hinaus muss immer die lateinische Sprachkompetenz gefördert werden: Es kann nicht darum gehen, lediglich deutsche Texte zu entlasten, sondern das Lateinische muss seine zentrale Rolle behalten. Die Schüler werden zu schriftlich

gestütztem Arbeiten angeregt, um die aktive Sprachverwendung zu fördern, wobei nicht nur die Übersetzung ins Deutsche eine Rolle spielt, sondern auch der Sprachvergleich oder u.U. die aktive Bildung lateinischer Wortgruppen bzw. Sätze. Es sollte gezielt visualisiert werden, etwa durch das Unterstreichen sprachlicher Elemente und durch den Einsatz von Bildern, die das Erarbeiten der lateinischen Sätze erleichtern.

3. Als ertragreiche Übungsformen (vgl. Kapitel 4.1–4.5) bieten sich insbesondere Lücken- und Fehlertexte an, wobei aus einem vorgegebenen Wörterpool die passenden Wörter oder Wortgruppen in einen Text eingesetzt werden können, der danach übersetzt wird (hierzu ausführliche Anregungen in den Kapiteln 4.1–4.5). Hierbei ist es auch möglich, vom Deutschen auszugehen, die Lücken im deutschen Text zu ergänzen und dann ins Lateinische zu übersetzen. Auch lateinische und deutsche Fehlertexte haben didaktisches Potenzial, und zwar auf dem Wege des kontrastiven Sprachvergleichs (vgl. Kapitel 4.3). Wichtig ist dabei, dass die vorhandenen Fehler klar identifiziert und verbessert werden. Auf diese Weise wird nicht nur die Kompetenz in der Zweitsprache, sondern auch im Lateinischen verbessert, da die Fehleranalyse zur Sprachreflexion anregt. Bereits in der Literatur für einen sprachsensiblen Unterricht vorgestellte Werkzeuge, also z.B. Wortgeländer, Tandembögen oder Memory (vgl. LEISEN 2010), können i.d.R. problemlos in den Lateinunterricht integriert werden (vgl. Kapitel 4.4, 4.2.4). Im Hinblick auf die Lektürefähigkeit aller Lernenden und die Arbeit an lateinischen Texten sollten Übungen möglichst Sätze oder kleinere Texte beinhalten.

2.4 Latein als (inter)kulturelle Brücke

2.4.1 Interkulturelle Bildung[1] – was ist das?

Schüler sind verschieden – in Bezug auf Alter, Geschlecht, Sprache, Herkunft, Begabung, Gesundheit, Kultur und rechtlichen Status. Der Umgang mit solchen Differenzen beschränkte sich in der Geschichte des deutschen Schulwesens vor allem auf die Herstellung äußerer Homogenität. Seitdem die Gesellschaft der Bundesrepublik Deutschland sich durch Immigration, den Prozess der europäischen Integration und die grenzüberschreitende Globalisierung seit den 1960er Jahren

---

[1] Grundlegend: Auernheimer (2005), Holzbrecher (2004), Krüger-Potratz (2005), Nohl (2006), Roche (2001).

nachhaltig gewandelt hat und „multikulturell" geworden ist, wird die Notwendigkeit des professionellen schulischen Umgangs mit Heterogenität zunehmend erkannt. An allen Schulformen, in allen Fächern sind heterogene Lerngruppen mehr oder weniger die Regel – auch im Lateinunterricht. Die Fachrichtung der Interkulturellen Bildung befasst sich daher mit schulischen Lernprozessen in der Einwanderungsgesellschaft.

2.4.2 Begriffsbestimmung

Der Begriff „interkulturelle Bildung" ist ein in seiner historischen Genese, seiner Orientierung an unterschiedlichen Zielgruppen und in seinen weitreichenden Implikationen schwer zu erfassendes Feld. Das hängt nicht zuletzt mit dem unspezifischen und umstrittenen Begriff der „Kultur" zusammen, aber auch mit der Interaktion der Pädagogik mit gesellschaftlichen und politischen Entwicklungen. Hier ist nicht der Ort, auf die Genese und mögliche – syn- oder diachrone – Systematisierungen dieser Fachrichtung einzugehen, zumal das Forschungsfeld der interkulturellen Bildung auch nicht frei von Kontroversen ist. So warnen z.B. Vertreter der antirassistischen Pädagogik vor einer „Essentialisierung" des Kulturbegriffs: Die Zugehörigkeit zu einer bestimmten (Herkunfts-)Kultur werde zu einem statischen Wesensmerkmal gemacht, ihre Träger zu Vertretern einer vermeintlich homogenen Herkunftskultur, was zur Verwischung struktureller Bedingungen von Ungleichheit und institutioneller (wie personeller) Diskriminierung gerade im Schulbereich führe. In Alltagstheorien und im praktischen Handeln (nicht nur) von Lehrkräften berge die Verwendung eines solchen Kulturbegriffs als Zuschreibungsmuster die oben genannten Gefahren in sich. Die interkulturelle Pädagogik betont aber gerade die Dynamik und Offenheit ihres Kulturbegriffs, die essentialistischen Zu- und Festschreibungen entgegenarbeite und von prozesshafter Entwicklung, Mischung und hybriden Identitäten in der Einwanderungsgesellschaft ausgehe. Und dies gelte für alle in ihr Heranwachsenden. Ihre Zielgruppe(n) sind also nicht Schüler einer bestimmten ethnischen oder „kulturellen" Zugehörigkeit, sondern Lernende gleich welcher Herkunft in einer Einwanderungsgesellschaft, in der sich auch die Mehrheitsbevölkerung durch Zuwanderung verändert habe. Dementsprechend wird Kultur weit definiert: „Kultur ist die Gesamtheit der kollektiven Deutungsmuster einer Lebenswelt (einschließlich materieller Manifestationen)." (NIEKE 2008: 50) Der Ethnologe CLIFFORD GEERTZ formuliert knapp:

Kulturbegriffe

Kultur ist ein vom Menschen selbstgesponnenes Gewebe von Bedeutungen (GEERTZ 1973: 5: „That man is an animal suspended in webs of significance he himself has spun, I take culture to be those webs"). Ein derart weiter Kulturbegriff ermöglicht auch die Auffassung, dass Menschen durch die Ausbildung gemischter kultureller Identitäten in einem Aushandlungsprozess zugleich unterschiedlichen Kulturen angehören können. Interkulturelle Bildung macht es sich zur Aufgabe, Differenz anzuerkennen, ohne Ungleichheit zu zementieren, und Bildungsprozesse in einer in vielerlei Hinsicht pluralistischen Gesellschaft zu initiieren.

2.4.3 Die KMK-Empfehlung „Interkulturelle Bildung und Erziehung in der Schule"

Interkulturelle Bildung als Querschnittaufgabe

Auf der höchsten bildungspolitischen Ebene der Kultusminister wurde 1996 eine Empfehlung ausgesprochen, die den derzeitigen Stand der Diskussion bündig zusammenfasst und immer noch gültig ist. Es wird betont, dass interkulturelle Bildung eine Querschnittaufgabe sei, welche für alle Schüler in allen Fächern gelte. In der Formulierung der übergeordneten Ziele wird deutlich, dass sie sowohl Inhalte als auch Werthaltungen betreffen: Als zentrales didaktisches Prinzip, als „Schlüssel zu Selbstvertrauen und reflektierter Fremdwahrnehmung" (KMK 1996: 6) wird der „Perspektivwechsel" formuliert. Einige der inhaltlichen Schwerpunkte des Unterrichts, in dem es ausdrücklich nicht um eine weitere Stoffvermehrung, sondern um eine interkulturelle Akzentuierung bereits etablierter Inhalte gehe, sind auch für den Lateinunterricht relevant und adaptierbar:
- wesentliche Merkmale und Entwicklung eigener und fremder Kulturen,
- Gemeinsamkeiten und Unterschiede der Kulturen und ihre gegenseitige Befruchtung,
- Menschenrechte in universaler Gültigkeit und die Frage ihrer kulturellen Bedingtheit,
- Hintergründe und Folgen naturräumlicher, wirtschaftlicher, sozialer und demografischer Ungleichheiten,
- Möglichkeiten des Zusammenlebens von Minderheiten und Mehrheiten in multikulturellen Gesellschaften (vgl. KMK 1996: 8 f.).

Interkulturelle Bildung im Lateinunterricht
Die interkulturelle Bildung hat noch wenig Eingang in die altsprachliche Didaktik gefunden. Noch immer scheint man wie selbst-

verständlich von homogenen Lerngruppen und Lernenden, deren Herkunftssprache Deutsch ist, auszugehen. So findet sich in zahlreichen Veröffentlichungen und auch Lehrplänen der traditionelle Terminus „muttersprachliche Kompetenz", wenn von Kompetenz im Deutschen die Rede ist. Lehrbücher der lateinischen Sprache gehen kaum auf die spezifische Schülerklientel mit nichtdeutscher Herkunftssprache ein. Die Durchsicht der Lehrpläne ergibt, dass in vielen Bundesländern kein Bezug auf interkulturelle Bildung und interkulturelle Kompetenz genommen wird, in manchen beschränkt sich der Bezug lediglich auf die Nennung des Begriffs ohne weitere oder nur knappe curriculare Ausführungen. Lediglich Berlin, Brandenburg und Hamburg bieten differenziertere Ausführungen bis hin zu einem gestuften Kompetenzmodell. Insgesamt besteht auf diesem Feld ein großer Forschungsbedarf. Allerdings kann man hier nicht selten den Eindruck gewinnen, dass das, was zuvor mit dem traditionellen Etikett kultureller Bildung gekennzeichnet wurde, nun ohne weitere Reflexion und politisch korrekt in eine nicht näher bestimmte „interkulturelle Kompetenz" umgemünzt wurde (vgl. Kipf 2012: 73). Eine fundierte fachdidaktische Diskussion zu diesem Thema ist bisher ein Desiderat.

2.4.4 Fachdidaktische Schlüsselkategorien

Als übergeordnete fachdidaktische Schlüsselkategorien, abgeleitet aus den Leitlinien der interkulturellen Bildung und dem Forschungsstand in den Didaktiken des altsprachlichen und des Geschichtsunterrichts als einem inhaltlich affinen Fach, können gelten: Identität und Alterität, Empathie und Fremdverstehen, Multiperspektivität, Sprachreflexion und Sprachbewusstsein.

Die Schlüsselkategorien Identität und Alterität beruhen auf der von Uvo Hölscher entwickelten Paradoxie der Antike: „Rom und Griechenland sind uns das *nächste Fremde*, und das vorzüglich Bildende an ihnen ist nicht sowohl ihre Klassizität und ‚Normalität', sondern daß uns das Eigene dort in einer anderen Möglichkeit, ja überhaupt im Stande der Möglichkeiten begegnet." (Hölscher 1965: 81; hierzu Kipf 2006: 351 ff.) Einerseits wird die grundlegende Funktion der Antike für die Gegenwart betont, andererseits bestehen Allomorphien, die sie fremd und „anders" erscheinen lassen, wenn es z.B. um die Sklavenhaltung, die fehlenden politischen Partizipationsmöglichkeiten der Frauen oder das Demokratieverständnis geht. Hinzu kommt, dass

Antike:
Das nächste
Fremde

seit der Öffnung des Kanons auch Texte der gesamten Latinität im Lateinunterricht gelesen werden, so auch des noch ferner und fremd erscheinenden Mittelalters. Diese Fremdheit sollte nicht mit kurzschlüssigen Gegenwartsanalogien überdeckt werden, sondern ganz im Sinne HÖLSCHERS sollte man „Abstand zur eigenen Zeit [...] gewinnen und in schöpferisch-kritischer Weise über sie [...] reflektieren" (KIPF 2006: 351). So wird Latein einerseits als „Schlüsselfach der europäischen Tradition" (FUHRMANN 1976) oder vielfach als „europäisches Grundlagenfach" (KIPF 2010: 183) bezeichnet, das per se aufgrund seiner Präsenz als *lingua franca* bis in die Neuzeit nationale und kulturelle Grenzen überschritten habe (vgl. KUHLMANN 2009: 37). Andererseits resultiert aus dieser in der altsprachlichen Fachdidaktik traditionell immer wieder mit großem Nachdruck vertretenen Sichtweise ohne Frage eine deutliche Eurozentriertheit, die man sich und den Schülern bewusst machen sollte. Zugleich ist jedoch mit dieser didaktischen Schlüsselkategorie auch die sich ausbildende Identität der Lernenden angesprochen, die in einer Einwanderungsgesellschaft heranwachsen.

Fremd-verstehen

Aus der Alterität der nicht nur durch den zeitlichen Abstand fremden antiken Welt und dem Aufbau der eigenen Identität leitet sich die Notwendigkeit von Empathie und Fremdverstehen ab, das sich sowohl auf kognitive Inhalte als auch auf eine mentale Haltung bezieht. Fremdes wird nur verstanden, wenn das Eigene erkannt ist; manche Elemente der antiken Texte müssen, um von Gegenwartsanalogien und Alltagskonzepten wegzuführen, „fremd gemacht" werden, so z.B. die kulturellen Schemata, die sich hinter scheinbar einfachen Wortgleichungen für *familia*, *rex* oder *magistratus* verbergen. Lateinischsprachige Autoren schrieben nicht für Jugendliche des frühen 21. Jahrhunderts, sondern in der Regel für ihresgleichen, männliche Angehörige der Oberschicht. Diese Multiperspektivität gilt es zu erkennen, in der Lektüre probeweise einzunehmen und weitere Perspektiven zu entwickeln. Perspektiven, die in der lateinischsprachigen Welt nur selten thematisiert wurden, „stumme Gruppen" wie Sklavinnen und Sklaven, Frauen oder Jugendliche. Auch eine monoperspektivische Quellenlage bei Konflikten, so den Perserkriegen, den Punischen Kriegen oder der Varus-Niederlage, lässt die Perspektive der jeweils anderen Seite offen. In didaktisierten Texten ist es gut möglich, diese Leerstellen zu füllen und in kreativer Rollenübernahme den historisch „Stummen" eine Stimme zu verleihen.

Der Lateinunterricht bietet die Chance, von Anfang an die Lektüre didaktisierter und literarischer Texte mit der Arbeit an der Sprache zu verbinden. Dabei gehört Sprachreflexion – im Sinne des Bewusstmachens sprachlicher Strukturen, die durch die Verwendung metasprachlicher Terminologie das „Sprechen über Sprache" und den Sprachvergleich ermöglicht – schon lange zum festen, auch apologetisch verwendeten Argumentationsreservoir des Faches. Unter den Bedingungen einer in den Lerngruppen vertretenen lebensweltlichen Mehrsprachigkeit kann die Sprachreflexion interkulturell akzentuiert werden: Indem – soweit möglich – die Herkunftssprachen der Lernenden einbezogen werden, Parallelen und Unterschiede zu ihnen, zum Deutschen als Ziel- und als Arbeitssprache sowie zu den anderen schulisch vermittelten Fremdsprachen thematisiert werden, kann eine solche Sprachreflexion das Konzept der Mehrsprachigkeit fördern. Für die Sprachreflexion ist es ein Vorteil, dass das Lateinische gewissermaßen eine „eingefrorene" Sprache (an der Universität wird der Sprachstand der „Klassik" bevorzugt vermittelt) darstellt, die allen Lernenden gleich weit entfernt ist. Dennoch muss bewusst gemacht werden, dass sie das Ergebnis einer lebendigen Sprachentwicklung ist. Dazu gehört die Erfahrung, dass unterschiedliche Textgenera und Stilhöhen unterschiedliche Sprachverwendungen evozieren. Sprachreflexion beschränkt sich somit nicht auf die Spracherwerbsphase, sondern hat ebenso in der Lektürephase ihren Platz. Das Imperium Romanum war ein mehrsprachiges Gebilde, welches sich schon in der Diglossie Griechisch/Lateinisch zeigt, aber auch in den Sprachmischungsphänomenen der Romanisation, in den Übergängen vom Vulgärlatein zu den romanischen Sprachen und in der Tatsache, dass Latein für viele Sprecher im Imperium Romanum, besonders in seinem westlichen Teil, Zweitsprache war (vgl. LEONHARDT 2009, 81–89).

Ein interkulturell akzentuierter Lateinunterricht berücksichtigt, dass die Ziel- und Arbeitssprache Deutsch nicht Herkunftssprache aller Lernenden ist, er nutzt gezielt Sprachreflexion und Sprachvergleich und erkennt kulturelle Vielfalt an – in den Lerngruppen, den Themen und Texten. Für deren Auswahl bieten sich diejenigen an, die im weitesten Sinne Kulturkontakte und -konflikte, vormoderne Multikulturalität, Migrationsbewegungen, den Umgang mit Minderheiten berühren: Rom und die „Anderen" (Verhältnis Griechen/Römer, Römer/Germanen; vgl. Kapitel 4.7), Integrationskraft römischer Bürgerrechtsverleihung (etwa an „ausgediente" Auxiliarsoldaten oder an Mitglieder kooperierender Eliten in den Provinzen),

Sprachreflexion interkulturell

Aspekte der Romanisierung, wie sie z.B. an vielen Inschriften im Gebiet des römischen Germanien deutlich werden, Phänomene kultureller Mischung (wie sie in synkretistischen Kulten deutlich wird), Menschenrechte und Menschenwürde in der Antike, Exilliteratur, lateinische Reiseberichte der Frühen Neuzeit (vgl. NIEMANN 2006, BLANK-SANGMEISTER 2009). Auf methodischer Ebene sollten, um den interkulturellen Austausch zu fördern, vor allem schüleraktivierende, differenzierende und kooperative Lernformen eingesetzt werden.

3. Türkisch – eine Herkunftssprache im Vergleich

Ein Grundprinzip der Sprachförderung im Lateinunterricht ist der kontrastive Vergleich des Lateinischen mit dem Deutschen (vgl. Kapitel 2.3 und 4.3). Einen weiteren Ansatzpunkt zur Sprachförderung im Lateinunterricht stellt die Einbeziehung der Erst- bzw. Herkunftssprachen von Lernenden ndH dar. Bezieht die Lehrkraft die vorhandene lebensweltliche Mehrsprachigkeit nach Möglichkeit in den Unterricht ein, kann dies eine wertvolle Bereicherung eines sprachbildend ausgerichteten Lateinunterrichts darstellen. Überdies werden in der DaZ-Forschung verstärkt positive Einflüsse sicherer Kenntnisse in der Herkunftssprache auf den Zweitspracherwerb diskutiert (vgl. KNIFFKA/SIEBERT-OTT [2]2009: 180 ff.; RÖSCH [4]2011: 141 ff.). Im Folgenden sollen deshalb einige wichtige grammatische Phänomene des Türkischen als eine der zentralen Herkunftssprachen[1] (i.d.R im Kontrast zum Deutschen und Lateinischen) vorgestellt werden. Auf dieser Grundlage soll nicht nur die Möglichkeit eröffnet werden, Gründe für auftretende sprachliche Probleme bei Schülern ndH nachzuvollziehen, sondern auch eine Herkunftssprache als Bereicherung für die Sprachförderung zu nutzen und ihr auf diese Weise (und damit auch den Schülern) Wertschätzung entgegenzubringen. Dabei handelt es sich um ein basales, rezeptiv ausgerichtetes Wissen des Türkischen, das genügt, um grundsätzliche Unterschiede und Parallelen der jeweiligen Sprachen zu thematisieren. Daher hat diese Darstellung keinen Anspruch auf Vollständigkeit: Sie ist auf zentrale Phänomene der Nominal- und Verbalflexion sowie der Syntax beschränkt. Vorhandene Sekundärliteratur erlaubt jedoch ohne weiteres eine Vertiefung.[2] Die

Rezeptives
Basiswissen

---

[1] In deutschen Schulen weist der Hauptteil an Lernenden mit Migrationsbiographie türkische Wurzeln auf. So zeigen die Zahlen des Statistischen Bundesamtes, dass seit 1984 mehr als die Hälfte der ausländischen Schüler an deutschen Grundschulen aus der Türkei stammt (vgl. STANAT 2008: 695). Gleichzeitig stellte sich in den Leistungstests der PISA-Studie heraus, dass u.a. Heranwachsende türkischer Herkunft im deutschen Bildungssystem am stärksten benachteiligt sind (vgl. STANAT 2008: 702). Da diese Schüler am dringendsten der Zweitsprachförderung bedürfen, stellt das Türkische den Hauptbezugspunkt dar. Die Darstellung mag Anregungen bieten, um entsprechende Sprachvergleiche mit anderen Herkunftssprachen wie Polnisch, Russisch oder Arabisch zu erstellen.

[2] Neben der gut lesbaren türkischen Grammatik von MARGARETE I. ERSEN-RASCH ([2]2004) sei vor allem auf die eminent nützliche *Deutsche Grammatik* von LUDGER HOFFMANN (2013a) hingewiesen, die sprachvergleichend arbeitet und insbesondere das Türkische heranzieht, um Möglichkeiten zu schaffen, Mehrsprachigkeit in den Unterricht zu integrieren.

knappe Übersicht soll verdeutlichen, dass das Türkische mit seinen z.T. sehr ausdifferenzierten sprachlichen Charakteristika zahlreiche Anknüpfungspunkte für einen funktionalen Sprachvergleich bietet.

3.1 Das Türkische als agglutinierende Sprache

Suffixe

Eine grundsätzliche Besonderheit des Türkischen besteht darin, dass es seiner morphologischen Struktur nach dem sog. *agglutinierenden* Sprachtyp angehört. „Formen wie ‚Haus, Häuser' oder ‚singen, sang, gesungen' kommen [...] nicht vor." (ERSEN-RASCH ²2004: 2). Stattdessen existiert eine unveränderbare, in allen Satzfunktionen gleich bleibende Grundform, an die Endungen bzw. Suffixe angefügt werden: „Jede lexikalische Ableitung und jede grammatische Kategorie erhält eine eigene, eindeutige Endung. Die Endungen werden in einer festgelegten Reihenfolge angereiht (‚agglutiniert' (angeklebt) – daher der Name des Sprachtyps: ‚agglutinierende Sprache')." (HOFF-MANN 2013a: 561). Damit unterscheidet sich das Türkische wesentlich von den flektierenden Sprachen Latein und Deutsch, in denen Endungen mehrere Bedeutungen haben können.

Türkisch	Latein	Deutsch
ev	domu-s	das Haus
ev-e	domu-i	dem Haus
ev-ler	domu-s	die Häuser
ev-ler-e	dom-ibus	den Häuser-n
ev-ler-im	domus meae	meine Häuser
ev-ler-im-de	in domibus meis	in meinen Häusern

So weist die Endung *-ibus* bei dem lateinischen Wort *domus* gleichzeitig auf die Zahl und auf den Fall des Wortes hin (das gilt auch für die deutsche Form *den Häusern*), wogegen es im Türkischen zwei separate Suffixe gibt: *-ler* für den Plural und *-e* für den Dativ. Das Besitzverhältnis wird im Gegensatz zum Deutschen und Lateinischen durch ein Possessivsuffix (*-im*) angezeigt, ebenso weicht die Ortsangabe deutlich vom lateinischen und deutschen Sprachgebrauch mit einer Präposition ab: Das Suffix *-de* wird als Postposition ans Ende „angeklebt" (vgl. ERSEN-RASCH ²2004: 2).

Eine weitere Besonderheit ist die sog. „Vokalharmonie" des   Vokalharmonie
Türkischen: „Endungsvokale passen sich an die Stammvokale an.
Dadurch hat ein türkisches Wort in der Regel nur vordere, helle
oder nur hintere, dunkle Vokale." (HOFFMANN 2013a: 563; vgl. ERSEN-
RASCH ²2004: 2). Vokale werden dabei i.d.R. eher kurz gesprochen,
„das Lautsystem unterscheidet nicht zwischen Lang- und Kurzvokalen"
(HOFFMANN 2013a: 567), ein Gesichtspunkt, der insbesondere deutlich vom Lateinischen abweicht, in dem die Quantitäten eine zentrale
Rolle spielen und immer Probleme beim Lesen und Übersetzen bereiten. Ansätze zum sprachvergleichenden Arbeiten erscheinen also
bereits bei diesen grundsätzlichen Gesichtspunkten denkbar: So bietet
beispielsweise der unterschiedliche Gebrauch von türkischem Präpo-
sitionalsuffix und lateinischer (bzw. deutscher) Präposition Anlass,
über einen wesentlichen Stolperstein für Zweitsprachler im Lateinunterricht ins Gespräch zu kommen (HOFFMANN 2013a: 568; vgl.
Kapitel 3.2.6).

3.2 Nominalflexion

3.2.1 Numerus
Sprachen unterscheiden Singular und Plural. Im Lateinischen wird
der Plural je nach Deklinationsklasse durch bestimmte Endungen
markiert. Im Deutschen gehört die Pluralbildung zu den Stolperfallen
für DaZ-Lernende, da es eine Reihe unterschiedlicher Pluralmor-
pheme gibt (JEUK 2010: 70), also z.B. auf -e in *Könige*, *Briefe* oder auf
-e mit Umlautung in *Mäuse*.

RÖSCH empfiehlt daher, auf das möglicherweise vorhandene
Expertenwissen der Lernenden zurückzugreifen und verschiedene
Herkunftssprachen hinsichtlich des Numerus vergleichen zu lassen,
zumal der Unterschied zum Lateinischen und Deutschen markant ist:
Im Türkischen wird der Numerus nicht durch bestimmte Endungen
markiert, sondern durch die Zusammenstellung des Hauptwortes mit
einem Numeralsuffix. Der türkische Singular enthält keine Information über die Menge oder Anzahl, sondern bezeichnet primär eine
Gattung oder Klassifikation (*kitap – Buch → ein Buch*, aber auch → *Buch
im Allgemeinen → Bücher*). Der Plural mit dem Suffix *-ler/-lar* individu-
alisiert die Gegenstände hingegen nach bestimmten Eigenschaften
(*kitaplar – Bücher → verschiedene Bücher → große und kleine, teure und billige
Bücher*). Somit ist der generalisierende Plural im Türkischen durch

den Singular realisiert. Im Deutschen und Lateinischen existieren sowohl der generalisierende Plural als auch der generalisierende Singular (zum lateinischen Gebrauch von Plural und Singular mit zahlreichen Verweisen auf den deutschen Sprachgebrauch vgl. BURKARD/SCHAUER ^{5}2012: 15 ff.).

3.2.2 Genus

Die Genuszuweisung im Deutschen bereitet vielen DaZ-Lernenden große Probleme. Latein und Deutsch kennen Maskulinum, Femininum und Neutrum. Im Lateinischen verweisen oft Endungen auf das jeweilige Genus; im Deutschen wird das Genus durch den Artikel erkennbar. Die Unterscheidung zwischen natürlichem und grammatischem Geschlecht ist nicht in allen Sprachen vorhanden und allein die Unterscheidung in drei grammatische Geschlechter im Lateinischen und Deutschen macht deutlich, dass natürliches und grammatisches Geschlecht nicht immer übereinstimmen müssen (vgl. HOFFMANN 2013b: 22).

Kein grammatisches Geschlecht

Das Türkische kommt ohne Unterscheidung der grammatischen Geschlechter und somit auch ohne eine Markierung durch Artikel oder bestimmte Endungen aus (vgl. ERSEN-RASCH ^{2}2004: 3; RÖSCH ^{4}2011: 146). Um im Türkischen ein Geschlecht zu präzisieren, werden die Wörter *erkek* (*ein Mann*, bei Tieren: *ein Männchen*), *kadın* (*eine Frau*) und *dişi* (bei Tieren: *ein Weibchen*) vor das Substantiv gestellt. Im Übrigen bezieht sich das fehlende grammatische Geschlecht auch auf die Personalpronomina, die ebenfalls nicht in *er, sie, es* untergliedert werden (vgl. ERSEN-RASCH ^{2}2004: 3). Zusätzlich kennt das Türkische Possessivpronomina (*benim – mein, senin – dein, onun – sein*) und Possessivsuffixe; letztere „kommen an Nomina und nominalen Verbformen vor, werden mit dem vorhergehenden Wort zusammengeschrieben und betont": *el – (eine) Hand → el-im – meine Hand* (ERSEN-RASCH ^{2}2004: 29). Das Lateinische kann in diesen Fällen durch seine Nähe zum Deutschen als Brücke fungieren. Insbesondere bei der Wortschatzarbeit sollte daher dem Genus nicht nur im Lateinischen, sondern auch im Deutschen durch Hinzufügung des bestimmten und unbestimmten Artikels Aufmerksamkeit geschenkt werden.

Kein bestimmter Artikel

3.2.3 Artikel

Im Deutschen wird das Genus durch die Artikel realisiert, wobei das Deutsche eine recht komplexe Artikelgrammatik aufweist (vgl.

HOFFMANN 2013a: 99 ff.). Den Artikel gibt es im Deutschen in zwei Varianten (bestimmt und unbestimmt), hinzu kommt der Ausfall eines Artikels (Nullartikel). Ganz anders stellt sich das Türkische dar, das keinen bestimmten Artikel kennt, den unbestimmten Artikel hingegen spezifisch bildet. So kann im Türkischen zwar „oft […] zwischen ‚bestimmt' und ‚unbestimmt' verwendeten Nomina unterschieden werden", allerdings geschieht dies z.B. „durch lexikalische Mittel wie *bu* ‚diese' […] und *bir* ‚eins'." (ERSEN-RASCH ²2004: 27) Auch die Satzstellung spielt eine wichtige Rolle: „‚Unbestimmt' verwendete Nomina haben ihren Platz im Regelfall direkt vor dem Prädikat […], ‚bestimmt' verwendete häufig am Anfang des Satzes […]" (ERSEN-RASCH ²2004: 27). Es ist daher nicht verwunderlich, dass gerade das deutsche Artikelsystem zu den typischen Stolpersteinen beim Zweit-spracherwerb zählt. Das Lateinische erfüllt hier eine spezifische Brü-ckenfunktion: Da im Lateinischen die Artikel fehlen, ist man beim Übersetzen ins Deutsche auch immer mit dem deutschen Artikel-system konfrontiert (vgl. KUHLMANN 2009: 115).

Auf semantischer Ebene müssen sich die Lernenden beim Über-setzen ins Deutsche also immer Rechenschaft darüber ablegen, welcher Artikel gesetzt werden muss. Bei der Wortschatzarbeit sollten daher immer bestimmter und unbestimmter Artikel mitgelernt werden, worauf die lateinischen Lehrbücher jedoch nur ausnahmsweise ein-gestellt sind (vgl. Kapitel 2.3).

3.2.4 Kasus

Kasussysteme gibt es in vielen Sprachen, jedoch zeigen diese sehr unterschiedliche Ausprägungen. Das Chinesische bedarf z.B. weder der Morphologie noch Flexion, stattdessen gibt es eine Vielzahl an Lemmata, die nur eine spezielle Bedeutung haben und durch ein eigenes Schriftzeichen realisiert werden. Ganz anders wiederum sind Sprachen wie das Finnische. Im Finnischen gibt es keine Präpositionen, sodass alle lokalen Angaben jeweils durch insgesamt 15 Kasus zum Ausdruck gebracht werden müssen. Auch hinsichtlich der Migranten-sprachen lassen sich schnell große Unterschiede feststellen:

	Nom.	Gen.	Dat.	Akk.	Abl.	Lok.	Instr.	Vok.
Türkisch	X	X	X	X	X	X		
Arabisch	X	X		X				
Polnisch	X	X	X	X		X	X	X
Serbo-Kroatisch	X	X	X	X		X	X	X
Russisch	X	X	X	X			X	

Bereits auf den ersten Blick fällt auf, dass das türkische Kasussystem über aus dem Lateinischen und Deutschen bekannte Elemente verfügt. Auf wenige zentrale Phänomene soll an dieser Stelle aufmerksam gemacht werden:

Nominativ

Im Nominativ weist das Türkische Gemeinsamkeiten, aber auch deutliche Unterschiede zum Deutschen und Lateinischen auf: In vertrauter Weise fungiert der Nominativ als Subjekt (*Dersler başladı – Die Vorlesungen haben begonnen*) oder Prädikatsnomen (*Öğretmen olacağım – Ich werde Lehrer*) (vgl. ERSEN-RASCH ²2004: 42). Zudem kann der Nominativ auch als direktes Objekt fungieren, was im Deutschen und Lateinischen nicht möglich ist. In diesem Fall spricht man von einem „unmarkierten Objekt […], d.h., es hat kein Merkmal, das es als Objekt ausweist. Es steht im Regelfall direkt vor dem Prädikat und bildet mit dem Verb eine enge Einheit. […] In diesem Fall wird nicht über das Objekt gesprochen, sondern der Sprecher sagt, was er tut. […] *Müzik dinledik – Wir haben Musik gehört.*" (ERSEN-RASCH ²2004: 42). Auch beim türkischen Genitiv zeigen sich Übereinstimmungen zum Lateinischen und zum Deutschen: Er entspricht dem lateinischen Genitivus possessivus und dem deutschen Genitiv, wenn er im Satz als Attribut gebraucht wird (vgl. ERSEN-RASCH ²2004: 44 ff.).

Genitiv

Dativ

Der türkische Dativ bezeichnet wie im Lateinischen und im Deutschen ein indirektes Objekt. Er hat aber noch einige zusätzliche Funktionen: So dient der türkische Dativ als Richtungsangabe auf die Frage „Wohin?". Ferner bezeichnet der Dativ eine Zweck- oder Preisangabe (vgl. ERSEN-RASCH ²2004: 47). Hinsichtlich der Eigenschaft, dass bestimmte Verben einen Kasus regieren, ist das Türkische dem Lateinischen und Deutschen nicht unähnlich, wobei einzelne Verben – wie auch aus dem Lateinischen bekannt – im direkten Vergleich Unterschiede zeigen: „*Sana bir şey sormak istiyorum ‚Ich möchte dich etwas fragen'* – im Türkischen wird *,dir'* gesagt, im Deutschen *,dich'.*" (ERSEN-RASCH ²2004: 18)

Der türkische Akkusativ bezeichnet wie im Lateinischen und Deutschen ein direktes Objekt. Dabei unterscheidet man den *markierten* vom *unmarkierten* Akkusativ. Nur der markierte Akkusativ enthält das Akkusativsuffix, der unmarkierte Akkusativ ist dem Nominativ isomorph. Der markierte Akkusativ bezeichnet ein bestimmtes Objekt, das leicht von anderen Gegenständen derselben Klasse unterschieden werden kann, also z.B. bei Eigennamen (*die Sonne* als einzigartiger Gegenstand) oder durch Hinzufügung eines Demonstrativums (*Gib mir bitte dieses Buch!*). Der unmarkierte Akkusativ wird dann gebraucht, wenn das Objekt als unbestimmt, d.h. von den anderen Gegenständen derselben Klasse kaum unterscheidbar gedacht und gemeint wird. Dies gilt z.B. bei einem einzelnen unbestimmten Gegenstand (*Gib mir bitte [irgend]ein Buch!*) (vgl. ERSEN-RASCH ²2004: 46 f.).

Beim Ablativ zeigt sich eine deutliche Übereinstimmung zwischen dem Türkischen und dem Lateinischen: Der türkische Ablativ entspricht dem lateinischen in wesentlichen Bereichen und bezeichnet den Ausgangspunkt einer Bewegung oder einer Handlung (d.h. auch den Grund). Er antwortet auf die Fragen „Woher?" und „Weswegen?". Daneben kann er auch die Richtung *durch ... hindurch* bezeichnen: *Ormandan geçtik* – *Wir sind durch den Wald gelaufen.* Der Wald war sozusagen der Ausgangspunkt; wir sind durch ihn gelaufen und haben ihn auf solche Weise hinter uns gebracht. Eine weitere auch mit dem Lateinischen vergleichbare Funktion des türkischen Ablativs ist die Preis- oder Materialangabe (vgl. ERSEN-RASCH ²2004: 48 f.).

Akkusativ *(Marginalie)*

Ablativ *(Marginalie)*

3.2.5 Kongruenz

Ein für Lernende türkischer Herkunftssprache besonders schwieriger Aspekt ist die Kongruenz zwischen Substantiv und adjektivischem Attribut im Deutschen und Lateinischen (vgl. PINKERNELL-KREIDT 2011: 24). Im Türkischen werden Attribute dem Bezugswort unflektiert vorangestellt (vgl. HOFFMANN 2013a: 561), d.h., sie stehen vor ihrem Bezugswort und stimmen hinsichtlich Kasus und Numerus mit diesem nicht überein (vgl. ERSEN-RASCH ²2004: 22). Das Adjektiv bleibt stets unverändert, während das Substantiv Numerus- und Kasusendungen erhält: *dar dershane* – *enger Unterrichtsraum* (Nom. Sg.), *dar dershaneler* – *enge Unterrichtsräume* (Nom. Pl.). In Hinsicht auf den syntaktischen Gebrauch des Adjektivs zeigt das Türkische Übereinstimmungen mit dem Deutschen und Lateinischen: Türkische Adjektive können prädikativ (d.h. nach den Kriterien der lateinischen Grammatik als Prädikatsnomen), attributiv und adverbial gebraucht und auch gesteigert werden (vgl. ERSEN-RASCH ²2004: 51). Im Lateinunterricht wird beim Übersetzen somit das Sprachbewusstsein auf zweifache Weise aktiviert: Im Dekodierungsprozess müssen die Lernenden die Bezüge anhand der Endungen ausfindig machen; im Rekodierungsprozess müssen sie diese Bezüge korrekt ins Deutsche umsetzen.

3.2.6 Präpositionen

Der Gebrauch von Präpositionen fällt vielen DaZ-Lernenden schwer (vgl. RÖSCH ⁴2011: 122; HOFFMANN 2013a: 568). Präpositionen haben relationierenden Charakter und setzen „zwei Einheiten in ein semantisches Verhältnis, so dass die zweite mit ihrer Funktion die Funktion der ersten unterstützt. Eine solche funktionale Integration kann eine räumliche, zeitliche, kausale etc. Spezifizierung leisten." (HOFFMANN 2013a: 365) Formal unveränderlich bestimmen sie die Kasus der ihnen folgenden Substantive und deren nähere Bestimmungen (vgl. HOFFMANN 2013a: 365). Im Lateinischen und Deutschen sind Präpositionen hochfrequent, während man sie im Türkischen vergeblich sucht: „Im Türkischen gibt es keine Präpositionen. Dem Ausdruck grundlegender räumlicher Beziehungen dienen die Kasus Dativ, Lokativ und Ablativ." (HOFFMANN 2013a: 381) Hierfür werden dann spezifische Suffixe verwendet. Gleichwohl kennt das Türkische Verhältniswörter wie z.B. *için* – *für* und *beri* – *seit*. Diese sind jedoch nicht dem Bezugswort vorangestellt, sondern folgen diesem, d.h., es handelt sich um Postpositionen, die die verschiedenen Kasus regieren und oft nicht mit dem Deutschen oder Lateinischen übereinstimmen (vgl. ERSEN-RASCH ²2004: 101).

Postpositionen

Unter diesen Voraussetzungen leuchtet es ein, dass gerade der Vermittlung der Präposition als sprachlichem Konzept immer wieder Aufmerksamkeit geschenkt werden muss, da sie für Zweitsprachler ohnehin Quelle verschiedenster Probleme sein kann (vgl. RÖSCH ⁴2011: 122 f.). Dies gilt z.B. für die sog. Wechselpräpositionen im Deutschen, die mit Akkusativ zur Angabe einer Richtung oder einem Dativ zur Ortsbestimmung stehen können: z.B. *Ich gehe auf das Forum* vs. *Ich bin auf dem Forum* (vgl. HOFFMANN 2013a: 370). Zusätzliche Probleme entstehen dadurch, dass Präpositionen semantisch vielfältig nutzbar sind (*vor Gefahr schützen, vor dem Haus spielen, vor Angst zittern, vor dem Stichtag fertig werden* ...). Hier kann Latein hervorragend als Brückensprache zum Deutschen fungieren: Einerseits existieren Wechselpräpositionen auch im Lateinischen (*in, sub*), andererseits stellt gerade die semantische Differenzierung lateinischer Präpositionen eine wichtige Aufgabe bei der Wortschatzarbeit und Texterschließung dar.

3.3 Verbalflexion

3.3.1 Agglutinierende Grundstruktur

Bei den türkischen Verben gilt dasselbe morphologische Gesetz wie bei den Substantiven: An einen Wortstamm werden Suffixe nach einer bestimmten Reihenfolge „angeklebt". Wie oben gezeigt, tritt bei den Substantiven der Nominativ Singular als suffixlose Grundform auf; bei den Verben entspricht der Imperativ der 2. Pers. Singular der Grundform, an deren Ende verschiedene Suffixe angefügt werden (Personalsuffixe, Aufforderungssuffixe, Possessivsuffixe). Türkisch gilt in diesem Zusammenhang als sog. „Pro-Drop-Sprache" (vgl. HOFFMANN 2013: 561 f.), d.h., Personalpronomina müssen nicht obligatorisch realisiert werden, da das Personensuffix zur Personenmarkierung ausreicht. Hierin gleicht das Türkische dem Lateinischen.

sormak	fragen	interroga-**re**
(ben) soruyor-**um**	ich frage	interrog-**o**
(sen) soruyor-**sun**	du fragst	interroga-**s**
(o) soruyor	er, sie es fragt	interroga-**t**
(biz) soruyor-**uz**	wir fragen	interroga-**mus**
(siz) soruyor-**sunuz**	ihr fragt	interroga-**tis**
(onlar) soruyor-**lar**	sie fragen	interroga-**nt**

Ferner sind folgende Gesichtspunkte charakteristisch, die deutliche Unterschiede zum Deutschen und Lateinischen ausmachen (vgl. ERSEN-RASCH ²2004: 118):

- Verneinungen erfolgen nicht durch ein eigenes Wort, sondern durch ein unbetontes Suffix (*-me/-ma*), das an den Verbstamm angefügt wird.
- Das Türkische verfügt im Gegensatz zum Lateinischen und Deutschen über keine Präfixverben (Komposita).

3.3.2 Genera verbi und Modi

Während das Lateinische und das Deutsche hinsichtlich ihrer Modi und Genera verbi über einen gemeinsamen Grundbestand verfügen (Indikativ, Imperativ, Konjunktiv, Aktiv und Passiv), zeigt das Türkische hier deutliche Abweichungen. Es verfügt über fünf Genera verbi: Aktiv, Reflexiv (Medium), Passiv, Reziprok und Kausativum, wobei nach dem agglutinierenden Prinzip auch hier dem Wortstamm das jeweilige Suffix angehängt wird (vgl. ERSEN-RASCH ²2004, 188 ff.):

sev-mek	**Aktiv**	lieben
sev-il-mek	**Passiv**	geliebt werden
sev-in-mek	**Reflexiv (Medium)**	sich freuen
sev-iş-mek	**Reziprok**	herumschmusen
sev-dir-mek	**Kausativ**	jmd. für etwas begeistern

Die Bedeutung des Aktivs und Passivs im Türkischen ist der Bedeutung dieser Genera verbi im Lateinischen und Deutschen durchaus vergleichbar, während es im Deutschen und Lateinischen keine spezifischen Mediumformen gibt; im Lateinischen wird hierfür z.T. das Passiv verwendet. (vgl. BURKARD/SCHAUER ⁵2012: 174) Ferner ist in diesen Sprachen das Konzept des Reziprok als Modus unbekannt (vgl. zum Lateinischen BURKARD/SCHAUER ⁵2012: 130 f.). So bezeichnet das

Reziprok   türkische Reziprok die Handlung, die von mehreren Subjekten entweder gemeinsam oder im wechselseitigen Interesse getan wird: *einander kennenlernen, einander gegenseitig helfen* usw. Hierfür wird ein spezifisches Kooperativsuffix verwendet (vgl. ERSEN-RASCH ²2004: 188).

Kausativum   Das türkische Kausativum weist auf einen Vorgang des Verursachens oder Sich-Einmischens hin. Dieses Sich-Einmischen kann eine Nötigung, Erlaubnis oder sogar eine Nichtverhinderung einer Tätigkeit bezeichnen. Hierfür existieren eine Reihe von Kausativsuffixen, also z.B. *bilmek – wissen → bildirmek mitteilen (wissen lassen)* (vgl. ERSEN-RASCH ²2004: 194).

Wunschmodi   Im Türkischen gibt es keinen dem Konjunktiv entsprechenden einheitlichen Modus, stattdessen existieren die Modi Imperativ, Voluntativ, Optativ sowie konditionale Ausdruckweisen, ferner Potentialis und Irrealis, die durch spezifische Suffixe gekennzeichnet werden (vgl. ERSEN-RASCH 2009: 161 ff., 167 ff., 175 ff.). In ihrer Funktionalität zeigen sich Übereinstimmungen und Unterschiede zum Lateinischen; so bezeichnet der Voluntativ in vergleichbarem Sinne wie der lateinische Adhortativ eine „Aufforderung […], etwas gemeinsam zu unternehmen oder zu unterlassen." (vgl. ERSEN-RASCH ²2004: 161; BURKARD/SCHAUER ⁵2012: 160) Der türkische Optativ bezeichnet eine dem Lateinischen vergleichbare „Wunschform". Dabei gibt es je nach Person semantische Differenzierungen: Die 2. Person drückt ein „Nahelegen" aus, die 3. Person „einen (Segens-)Wunsch – oder als Frage gestellt – ein Erstaunen oder eine Verwunderung" (ERSEN-RASCH ²2004: 166). Wie im Lateinischen werden mit dem Potentialis „Sachverhalte formuliert, die potentiell (möglicherweise erfüllbar) oder hypothetisch (nur angenommen) sind." (ERSEN-RASCH ²2004: 184)

3.3.3 Tempora

Im Türkischen gibt es insgesamt zwölf Tempora: sechs Grundzeiten sowie sechs weitere, durch das Suffix -idi erweiterte Zeiten. Zu den Grundzeiten gehören das Präsens, das Präteritum, das Perfekt, das Futur, der Kontinuativ und der Aorist. Dabei findet sich – durchaus vergleichbar mit dem Lateinischen – „ein reichhaltiges verbales Aspektsystem" (vgl. HOFFMANN 2013a: 562), wobei das Merkmal des Realitätsbezugs besonders bedeutsam ist: Ist eine Handlung als eine wirklich geschehene, mit der gegenwärtigen Realität zusammenhängende einzustufen? Oder handelt es sich um ein von der Gegenwart unabhängiges Geschehen, das man nur indirekt (nach Angaben Dritter oder nach der eigenen Schlussfolgerung) als tatsächlich bestätigen kann? Während im Lateinischen und Deutschen die Schilderung einer möglichen Handlung beispielsweise durch den Konjunktiv oder Modalverben abgebildet wird, bezeichnet der türkische Indikativ in unterschiedlichen Tempora Sprachsituationen, bei denen es nicht nur um tatsächliche, sondern auch um mögliche Handlungen geht.

Das türkische Präsens deckt ein breites Funktionsspektrum ab: Als „aktuelle Gegenwart" wird es einerseits für Ereignisse verwendet, die zum Sprechzeitpunkt stattfinden, andererseits für solche, die zwar „zum Sprechzeitpunkt nicht im Gange sind", dafür aber als aktuelle Tatsache dargestellt werden (ERSEN-RASCH ²2004: 138). Darüber hinaus kann es wie im Deutschen zukünftige Ereignisse bezeichnen (*Ismael Cem kommt morgen nach Berlin*); schließlich kann durch das Präsens Vergangenes – ebenfalls wie im Deutschen – aktualisiert werden. Wenn jemand „äußert *Atatürk diyor ki* ‚Atatürk sagt', will er hervor-

Grundzeiten

Präsens

heben, dass das Gesagte bedeutsam ist und für ihn auch heute noch Gültigkeit hat." (ERSEN-RASCH [2]2004: 138). Zudem findet sich in der Literatursprache das im Lateinischen und Deutschen vorhandene historische Präsens (vgl. BURKARD/SCHAUER [5]2012: 181; ERSEN-RASCH [2]2004: 138).

Präteritum

Das Präteritum bezeichnet die Ereignisse, die in der Vergangenheit geschehen sind, wobei der Sprecher betont, dass er von etwas tatsächlich Geschehenem redet: „Das Präteritum im Türkischen ist eine Zeitform für ‚Stattgefundenes'." (ERSEN-RASCH [2]2004: 146) Ferner kann das Präteritum sowohl einmalige als auch wiederholte Handlungen bezeichnen, wie es auch im Lateinischen üblich ist. Ein Verb im Präteritum kann einerseits Vollbrachtes (*Ich habe das Buch bis zum Ende gelesen*) darstellen, andererseits aber auch Handlungen, die zu keinem bestimmten Ergebnis geführt haben (*Ich habe im Buch gelesen*). In der Regel wird das Präteritum im Deutschen mit dem Perfekt wiedergegeben und darf als das dem lateinischen „Perfectum historicum" vergleichbare Erzähltempus verstanden werden (vgl. BURKARD/SCHAUER [5]2012: 187). Daher werden Nachrichten stets im Präteritum verlesen, ebenso findet sich in historischen Darstellungen oft das Präteritum (vgl. ERSEN-RASCH [2]2004: 148).

Perfekt

Das Perfekt gilt als „Ergebnisvergangenheit" (ERSEN-RASCH [2]2004: 147): „Damit formuliert der Sprecher ein vergangenes Ereignis, wie es sich ihm nach dem Abschluss darstellt" (ERSEN-RASCH [2]2004: 147): *Es hat geschneit und die Straßen sind weiß.* Dabei hat der Sprecher „nicht das Stattgefundene selbst im Blickpunkt. Diese Vergangenheit erlaubt ihm zu signalisieren, wie er zu seiner Erfahrung gekommen ist", etwa durch Hören-Sagen oder durch eine schlussfolgernde Feststellung (ERSEN-RASCH [2]2004: 147 f.). Durch den Fokus auf das Ergebnis einer Handlung zeigen sich Gemeinsamkeiten mit dem resultativen Perfekt im Lateinischen (vgl. BURKARD/SCHAUER [5]2012: 186 f.) und mit dem deutschen Präsensperfekt, das sich im mündlichen Gebrauch immer weiter verbreitet (vgl. HOFFMANN 2013a: 262 f.). Dabei kann durch die Verwendung des türkischen Perfekts offengelassen werden, ob man an der Richtigkeit einer Erzählung zweifelt oder nicht (vgl. ERSEN-RASCH [2]2004: 148). So kann es nicht erstaunen, dass Märchen die bevorzugte Textsorte sind, in denen das türkische Perfekt verwendet wird (vgl. ERSEN-RASCH [2]2004: 148).

Futur

Das Futur im Türkischen bezeichnet die zukünftigen Handlungen, die im Moment des Sprechens als wahrscheinlich und definitiv erscheinen. Das Futur verfügt über verschiedene Nuancierungen: „Es kann auch modale Nuancen haben, die wir mit ‚müssen/sollen/wollen' wiedergeben. Auch ein Befehl kann damit umschrieben werden. In der 3. Person kann es eine starke Vermutung oder eine vermutete Notwendigkeit bezeichnen." (ERSEN-RASCH ²2004: 144) Damit deckt das türkische Futur im Wesentlichen die Aspekte ab, die wir auch beim lateinischen und deutschen Futur I finden, also z.B. den Ausdruck eines Befehls (vgl. BURKARD/SCHAUER ⁵2012: 183).

„Der Kontinuativ ist ein Verlaufspräsens. Es aktualisiert das im Prädikat ausgedrückte Ereignis, der Blickpunkt des Sprechers/Autors liegt stark auf dem Ereignis, das Subjekt spielt keine Rolle." (ERSEN-RASCH ²2004: 150) Diese Zeit, die dem englischen „Present Progressive" vergleichbar ist, wird in der Umgangssprache nur selten verwendet. In literarischen Kontexten bezeichnet der Kontinuativ „ein Ereignis, das zu der Zeit, über die geschrieben und gesprochen wird, bereits im Gange war." (ERSEN-RASCH ²2004: 150) Der Kontinuativ entspricht der deutschen „*am*- und *beim*-Form des Progressivs mit einem nominalisierten Infinitiv" (HOFFMANN 2013a: 274), der gerade in der Alltagssprache weit verbereitet ist.

Kontinuativ

Schließlich verfügt das Türkische (neben dem Kontinuativ) über ein weiteres Tempus, das als eigene Zeitform im Lateinischen und Deutschen unbekannt ist: Es handelt sich um den Aorist, dessen türkische Bezeichnung *Geniş Zaman* sich anschaulich als *Breite Zeit* übersetzen lässt. Dieses Tempus wird grundsätzlich als „generelle Gegenwart" (ERSEN-RASCH ²2004: 140) begriffen, die mit keinem konkreten Zeitabschnitt zusammenhängt und durch keinen Zeitrahmen beschränkt ist. Hier zeigt sich eine inhaltliche Nähe zum gnomischen Präsens, Futur und Perfekt im Lateinischen (BURKARD/SCHAUER ⁵2012: 181, 183, 187). So würde man im Türkischen den Satz *Die Erde dreht sich um die Sonne* mit einem Aorist wiedergeben. „Mit dieser Zeitform bringt der Sprecher nur den Inhalt des Verbs ein und äußert sich nicht über einen Verlauf oder schließt ihn sogar aus." (ERSEN-RASCH ²2004: 140) Dabei kann der Aorist genutzt werden, um im Gegensatz zum Präsens die subjektive Überzeugung des Sprechers zum Ausdruck zu bringen. Angesichts dieses Bedeutungsspektrums kann es nicht überraschen, dass der Aorist vor allem bei Sprichwörtern und Anekdoten, aber auch (allgemeinverbindlichen) Sachtexten vorkommt. In Romanen und Erzählungen bezeichnet er einen allgemeinen Hintergrund (vgl. ERSEN-RASCH ²2004: 141).

Aorist – Breite Zeit

Insgesamt verfügt das Türkische in den Grundzeiten über

- zwei Tempora, die sich auf die Vergangenheit beziehen: Im Präteritum geht es um die Handlung, im Perfekt eher um ihr Ergebnis bzw. ihre Nachwirkung;
- zwei Praesentia: das einfache Präsens und den Kontinuativ;
- ein Futur, das die zukünftige Handlung bezeichnet, die mit der Gegenwart zusammenhängt bzw. von ihr bedingt wird;
- das zeitlose Tempus Aorist, das die von der Zeit unabhängigen Handlungen bezeichnet.

3.4 Syntax

Betrachtet man eine türkische Grammatik unter syntaktischen Aspekten, sucht man vergeblich nach einem traditionellen Bestandteil der lateinischen Schulgrammatik, nämlich nach der Satzlehre. Dies ist damit zu erklären, dass das Türkische die uns geläufigen Kategorien Haupt- und Nebensatz in dieser Form nicht kennt. Zusammengesetzte Sätze sind im Türkischen gleichgeordnete Sätze, die aus unabhängigen Elementen mithilfe koordinierender Konjunktionen verbunden werden; solche Konjunktionen können kopulativ (*und*), disjunktiv (*oder*) und adversativ (*aber*) sein (vgl. ERSEN-RASCH [2]2004: 109–116). Dagegen existieren im Deutschen und im Lateinischen übliche Subjunktionen wie *dass, indem* oder *obwohl* im Türkischen nicht (vgl. ERSEN-RASCH [2]2004: 109).

Wenn ein türkischer Satz aus mehreren Teilen besteht, unter denen der eine Teil die Hauptbedeutung des ganzen Satzes trägt und der andere ihm dem Sinn nach untergeordnet ist, dann wird dieser untergeordnete Teil meistenteils in den „Hauptsatz" als eine erweiterte Umstandsbestimmung integriert. Das Türkische neigt also dazu, im Rahmen eines Satzes nur eine syntaktische Einheit Subjekt – Prädikat zu haben.

Kein Haupt-Nebensatz-Konstrukt

Im Gegensatz zum indogermanischen Haupt-Nebensatz-Konstrukt verfährt das Türkische anders: „Im Wesentlichen wird im Türkischen die Aufgabe der Subordination von Sachverhalten durch Suffixe […] erledigt – das ist das Prinzip einer agglutinierenden […] Sprache." (HOFFMANN 2013a: 362) Es gibt folgende Entsprechungen festzuhalten:

Deutsch	Türkisch
A. Subjekt-/Objektsatz	Verbalnomen, Verbaladverb
B. Relativsatz	Partizip, Verbalnomen
C. Adverbialsatz	Verbaladverb, Partizip

(vgl. HOFFMAN 2013a: 362).

Mit dem Terminus „Verbaladverb" bzw. „Konverb" wird eine infinite Form des Verbs bezeichnet, die ein Ereignis darstellt, das mit einem weiteren Ereignis im Rahmen desselben Satzes verknüpft ist. Diese Verbform trägt die Bedeutung einer Handlung und kann wie ein Verb Objekte regieren. Sie enthält aber weder eine Zeitstufe (es gibt also kein Präsens- oder Perfektverbaladverb) noch eine Personenangabe und ist unveränderlich wie ein Adverb. Aus diesem komplexen Bereich sei nur auf zwei Phänomene hingewiesen: So wird mit dem Suffix *-arak/-erek* „eine Verbform gebildet, die beschreibt, was das Subjekt des Satzes als meistens kontinuierliches Begleitgeschehen zum übergeordneten Verb ausführt (oder auch ausgeführt hat). *Ağlayarak* bedeutet ‚weinend(erweise)'." (ERSEN-RASCH [2]2004: 228) Ihrer Bedeutung und ihrer Rolle im Satz nach ist diese Verbform dem lateinischen und deutschen Partizip vergleichbar: *Çocuk **bağırarak** geldi → Das Kind ist **schreiend** gekommen.* (ERSEN-RASCH [2]2004: 228) Das Suffix *-ince* hingegen „ist eine Mischung aus konditionaler und temporaler Idee im Sinne von ‚Wenn (das eintritt), dann (passiert das) […], d.h., das mit *-ince* formulierte Ereignis löst das Ereignis im Nachsatz aus. […] *Eve gelince dinlenirim* ‚Wenn ich nach Hause komme, ruhe ich mich aus'" (ERSEN-RASCH [2]2004: 235). Zu den komplexen Verbalnomina gehören u.a. Infinitive, die in substanvierter Form Verwendung finden und im Deutschen Subjekt- oder Objektsätzen entsprechen können: *Kouyu **anlamak*** (Infinitiv) *gerek − **Dass man das Thema versteht,** ist notwendig* (vgl. HOFFMANN 2013a: 362).

　　Schließlich spielen Partizipien ein wichtige Rolle: Da das Türkische keine Relativpronomina kennt, übernimmt z.B. das *-en/-an*-Partizip diese syntaktische Funktion. ERSEN-RASCH ([2]2004: 206) weist darauf hin, dass dieses Partizip am ehesten mit einem attributiv gebrauchten deutschen Partizip verglichen werden kann − womit auch die Nähe zum entsprechenden lateinischen Partizip deutlich wird: *Bizde çalış**an** adam Türk → Der bei uns arbeitende Mann ist Türke → Der Mann, der bei uns arbeitet, ist Türke.* (vgl. ERSEN-RASCH [2]2004: 205f.) Die zeitliche Einordnung des Partizips ergibt sich dann aus dem jeweiligen Kontext.

Verbaladverb
und
Verbalnomina

Partizipien

Eine vergleichbare syntaktische Funktion erfüllen das Futur- und das Perfektpartizip (vgl. ERSEN-RASCH ²2004: 209–214). Ferner ist auf die Partizipien auf *-diği* (für das Faktum) und *-acaği/-eceği* (für die Erwartung) mit einem integrierten Possessivsuffix der 3. Person zu verweisen, die zumeist mit deutschen Relativsätzen wiedergegeben werden können, deren Relativpronomen im Akkusativ oder Dativ stehen (vgl. ERSEN-RASCH ²2004: 217). Darüber hinaus können diese Partizipien auch zur Bezeichnung von Objekt- und Adverbialsätzen herangezogen werden (vgl. ERSEN-RASCH ²2004: 223 f.; HOFFMANN 2013a: 363).

Wortstellung   Abschließend sei noch auf die Wortstellung im Türkischen hingewiesen: Das Türkische gehört zu den sog. SOV-Sprachen, die die Grundwortstellung Subjekt – Objekt – Verb aufweisen (vgl. ERSEN-RASCH ²2004: 3; HOFFMANN 2013a: 562). Hier unterscheidet sich das Türkische deutlich vom Deutschen, das hinsichtlich der Verbstellung zwei Besonderheiten aufweist, nämlich die sog. Verbklammer und unterschiedliche Positionen des Verbs in Abhängigkeit von der Satzart (vgl. HOFFMANN 2013a: 461 f.). Zugleich zeigt das Türkische aber eine deutliche Parallele zum Lateinischen, die bereits im Lateinunterricht beim Spracherwerb zu berücksichtigen ist, da in den sprachlich normierten lateinischen Lehrbuchtexten das Prädikat oftmals am Ende des Satzes positioniert wird: „Das Subjekt eröffnet den Satz, das Prädikat beendet ihn, die Objekts- und Adverbialbestimmungen werden zwischen diesen beiden Satzteilen eingeschlossen […].“ (BURKHARD/ SCHAUER ⁵2012: 575).

4. Zweitspracherwerb und lateinische Unterrichtspraxis

4.1 Arbeit mit deutschen Sach- und Informationstexten

Es ist nicht davon auszugehen, dass in deutscher Sprache verfasste Einleitungs- und Informationstexte ohne weiteres von allen Lernenden verstanden werden. Daher arbeiten gut aufbereitete Texte mit Überschriften, Sinnabschnitten, gekennzeichneten Schlüsselwörtern und Visualisierungen. Der Umgang mit textentlastenden Methoden sollte dennoch geübt werden (vgl. RÖSCH [4]2011: 70). Hierbei können etwa komplexe grammatische Strukturen durch einfachere ersetzt werden (vgl. JEUK 2010: 135), was im Rahmen einer Binnendifferenzierung z.B. durch Paralleltexte erfolgen kann. Dennoch ist auch in diesem Zusammenhang das Ziel der Sprachförderung nicht aus den Augen zu verlieren. Wie schon zuvor bemerkt (vgl. Kapitel 2.3), sollen die Schüler ndH durch diese Reduzierungen nicht auf eine Schonsprache konditioniert, sondern im Gegenteil dazu befähigt werden, selbstständig komplexere Texte zu erschließen.

Neben Hilfen wie Erläuterungen oder Nachschlagehilfen scheinen verschiedene Ansätze sinnvoll, die auch aus der Erschließung lateinischer Texte gut bekannt sind: Hierzu zählen vorentlastend-antizipierende Verfahren, indem der Inhalt vorher mündlich geklärt wird, Bezüge zum Vorwissen der Lernenden angeregt, Bilder einbezogen und Schlüsselwörter geklärt werden. Auch texterschließende und –sichernde Methoden bieten sich an: So ist es bei Sachtexten generell ratsam, den Zugang durch Strukturierungsmaßnahmen, wie z.B. durch Teilüberschriften, zu erleichtern. Gezielt sollte zugleich das Textverstehen geübt werden, indem die Schüler lernen, Texte zusammenzufassen, wichtige von unwichtigen Informationen zu trennen und Inhalte zu paraphrasieren. Fachbegriffe, deren Recherche auch selbst zum Lerngegenstand werden kann, müssen geklärt und gesichert werden, indem unverständliche Wörter oder Informationen von den DaZ-Lernenden in Lexika nachgeschlagen und erklärt werden. Es bietet sich an, die dabei erzielten Ergebnisse in einem stetig wachsenden Klassenlexikon festzuhalten.

Erschließungshilfen

Als vielfältig einsetzbares Werkzeug hat sich im DaZ-Bereich der sog. *Textknacker* durchgesetzt (vgl. RÖSCH [2]2010, 231 f., vgl. Kapitel 4.6.1). Hierbei werden zunächst von Bildern und der Überschrift (oder von Teilüberschriften) Rückschlüsse auf den Inhalt gezogen und somit das Vorwissen der Jugendlichen aktiviert. Es folgt das Lesen

Textknacker

des Textes nach Absätzen, wobei Schlüsselwörter identifiziert und unterstrichen sowie nebenstehende Erklärungen in den Erschließungsprozess einbezogen werden. Unverstandene Wörter oder Textpassagen werden anschließend mit Hilfe eines Lexikons geklärt. Schließlich wird der Text abschnittsweise zusammengefasst.

Klassenlexikon

Praxisbeispiel: Um neu eingeführte Fachbegriffe zentral für alle zu sammeln und schülergerecht zu erklären, bietet sich z.B. ein mitwachsendes Lexikon an. Ein solches Klassenlexikon kann als Ordner geführt und archiviert oder aber am Computer erstellt werden. Die einzelnen Artikel und Einträge können von den Lernenden recherchiert und verfasst werden, unterstützt durch Visualisierungen und Beispiele. Im unten abgedruckten Lexikonausschnitt wurden beispielsweise die Einträge je nach grammatischem Geschlecht unterschiedlich farbig markiert. Auch kann zu jeweils passenden Einträgen ein kleiner Exkurs zum Wortwissen erfolgen.

Noch Fragen? – Wörterindex

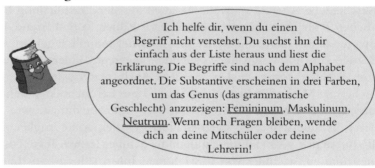

Ich helfe dir, wenn du einen Begriff nicht verstehst. Du suchst ihn dir einfach aus der Liste heraus und liest die Erklärung. Die Begriffe sind nach dem Alphabet angeordnet. Die Substantive erscheinen in drei Farben, um das Genus (das grammatische Geschlecht) anzuzeigen: <u>Femininum</u>, <u>Maskulinum</u>, <u>Neutrum</u>. Wenn noch Fragen bleiben, wende dich an deine Mitschüler oder deine Lehrerin!

Adverbiale: Ein Satz kann neben den Satzgliedern Subjekt, Prädikat und Objekt auch noch weitere Angaben enthalten, die z.B. über Ort, Zeit und Grund informieren. Diese zusätzlichen Angaben nennt man **Adverbiale (Umstandsbestimmung)**. Das Adverbiale hängt vom Prädikat ab und erläutert es, wie z.B.:
hic – hier, subito – plötzlich, ad forum – auf das Forum, in schola – in der Schule.
<u>Wortwissen:</u> Das Wort Adverbiale ist ein Neutrum und aus den lateinischen Wörtern *ad* und *verbum* gebildet, bedeutet also *zum Verb gehörig.*

Aktiv:	Das Aktiv drückt aus, dass die Tätigkeit, das Verhalten oder das Geschehen vom Subjekt (handelnde Person, Gegenstand) des Satzes ausgehen. Es ist im Gegensatz zum Passiv also die **Tatform** eines Verbs und vom lateinischen Verb *agere* = tun abgeleitet. **Aktiv und Passiv** werden auch unter dem Begriff **Genus verbi** zusammengefasst. Wortwissen: Das Aktiv ist ein Neutrum und findet sich in vielen anderen Sprachen wieder: *active* (Englisch), *actife* (Französisch) und *attivo* (Italienisch).

4.2 Wortschatzarbeit und Formenlehre

Ein strukturierter Zugang zum Wortschatz wird durch gezielte Phänomenreduktion erleichtert, indem je Übung beispielsweise nur eine Wortart fokussiert wird (vgl. Kapitel 2.3.1). Bei der Auswahl herzuleitender Lehn- und Fremdwörter sollte ein zugrundeliegendes Prinzip erkennbar sein wie das gemeinsame Sachfeld oder ggf. dieselbe grammatische Kategorie im Lateinischen, beispielsweise ein Partizip. Die Einbeziehung feldbezogener Ordnungsprinzipien dient zugleich der Memorierung von Vokabeln. Gemäß der auf konzeptionelle Schriftlichkeit abzielenden Wortschatzarbeit sollten Fremdwörter stets in einem Kontext präsentiert werden, um den DaZ-Lernenden den semantischen Gehalt zu veranschaulichen und zugleich die grammatisch korrekte Verwendung aufzuzeigen.

Muttersprachler beherrschen in den meisten Fällen das Genus der Substantive im Deutschen. Für DaZ-Lernende hingegen bedeutet es eine große Lernhilfe, die Übersetzungsmöglichkeiten lateinischer Substantive mit der deutschen Genusangabe in Form des bestimmten und/oder unbestimmten Artikels vorzufinden. Für diese Ergänzung braucht es in den Vokabellisten der Lehrbücher nicht mehr als einen einzigen Buchstaben in der Spalte mit der deutschen Bedeutung, nämlich -r als Abkürzung für den maskulinen Artikel *der* sowie entsprechend -e und -s für *die* und *das*. So halten es die Lehrwerke für Deutsch als Zweit- bzw. Fremdsprache. Dagegen sind die gängigen Lehrbücher für den Lateinunterricht in diesem Bereich auf Zweitsprachler nicht eingestellt, da in den Vokabularien in aller Regel keine Artikel bei den deutschen Bedeutungen verzeichnet sind. Dass dies ohne Weiteres möglich ist, zeigt das Lehrbuch *Via Mea* (PINKER-

Lernhilfen

NELL-KREIDT et al. 2011): In den Vokabelverzeichnissen werden bei Substantiven in der deutschen Spalte stets der bestimmte und unbestimmte Artikel aufgeführt.

Kontextualisie-
rung

Darüber hinaus erscheint auch die Angabe der jeweiligen Pluralbildung im Deutschen wünschenswert. Diese beansprucht zwar etwas mehr Platz als die Genusangabe, aber auch dafür sind bereits Abkürzungen etabliert. Grundsätzlich unterschieden werden bei der Pluralbildung im Deutschen der Typ 1 auf -e, Typ 2 auf -n und -en, der endungslose Typ 3, Typ 4 auf -er und Typ 5 auf -s.[1] Fehlt die Kennzeichnung des Plurals, bleibt es der Lehrkraft überlassen, den Plural anzugeben, bzw. dem DaZ-Lernenden, sich selbstständig zu informieren. Der Aufbau deklarativen Regelwissens in diesem Bereich darf als Querschnittsaufgabe aller Schulfächer verstanden werden.

Zusätzlich sind für Zweitsprachler Kontextualisierungen besonders hilfreich und der Vermittlung von Einzelformen überlegen (vgl. RÖSCH [4]2011: 63). Sind derartige Kontextualisierungen ohnehin schon für den Lateinunterricht von großer Bedeutung, muss diese Form der Wortschatzarbeit im Unterricht mit Zweitsprachlern noch größere Aufmerksamkeit erhalten. Hierfür bieten sich verschiedene Strategien an: die gemeinsame Erklärung und Analyse von Fremdwörtern, die Sammlung ungewöhnlicher Wortgruppen (vgl. Rösch [4]2011: 63), die Differenzierung und Reflexion verschiedener Sprachregister in Umgangs-, Hoch- und Fachsprache (vgl. Rösch [4]2011: 64) und der Einsatz von Visualisierungs- bzw. Systematisierungsmethoden wie Mindmaps, Ideen- und Wortnetzen (vgl. LEISEN 2010: 32 f.).

4.2.1 Rondogramm

Kern-
bedeutung im
Zentrum

Die Arbeit mit Rondogrammen erscheint besonders ertragreich (vgl. WIRTH/SEIDL/UTZINGER 2006: 205ff.), da der Umgang mit Polysemien eines der zentralen Problemfelder für die Wortschatzarbeit im Lateinunterricht darstellt und für Zweitsprachler aufgrund der sprachlichen Komplexität polysemer Wörter besondere Probleme birgt. Beim Rondogramm wird für jeweils ein polysemes lateinisches Wort ein deutscher „Prototyp" ins Zentrum gesetzt. Er bezeichnet eine synchron verstehbare „Kernbedeutung" (WIRTH/SEIDL/UTZINGER 2006: 207), an die die jeweiligen Differenzierungen angeschlossen werden.

---

[1] Typ 1: *Tag-Tage*; Typ 2: *Sklave-Sklaven*; Typ 3: *Tempel-Tempel*; Typ 4: *Kind-Kinder*; Typ 5: *Park-Parks* sowie bestimmte Fremdwörter aus dem Französischen und Englischen wie *Detail-Details*, *Fan-Fans*.

Die jeweils für ein Rondogramm gewählte Kernbedeutung wird durch Wörter repräsentiert, „die einerseits ‚kraftvoll' sind, um einprägsam zu werden, andererseits zugleich möglichst ‚fruchtbar', um das kreative Weiterdenken der Schüler auszulösen" (WIRTH/SEIDL/UTZINGER 2006: 208). Vom Prototyp im Zentrum gehen Strahlen ab zu den deutschen Äquivalenten verschiedener lateinischer Junkturen. Vorteilhaft ist die flexible Gestalt des Rondogramms, da es auf Erweiterung angelegt und für jeden Kontext offen ist. Für das Wort *petere* wird der Prototyp *anpeilen* vorgeschlagen, aus dem sich leicht verschiedenste Junkturen ableiten lassen: *hostes petere → die Feinde „anpeilen" → die Feinde angreifen* usw. (WIRTH/SEIDL/UTZINGER 2006: 209). Beim kreativen Umgang mit Rondogrammen können in besonderer Weise die Sprachproduktion gefördert und der Fokus auf die Entwicklung der konzeptionellen Schriftlichkeit gerichtet werden (vgl. KNIFFKA/SIEBERT-OTT [2]2009: 182).

4.2.2 Wörterpools

Bei Aufgaben mit einem Wörterpool (vgl. LEISEN 2010: 20 f., der hierbei durchaus missverständlich von „Wortfeld" spricht) werden den Lernenden bestimmte Vokabeln oder Fachbegriffe vorgegeben. Dabei kann es sich um äußerlich ungeordnete Einzelwörter oder Satzbausteine handeln: Sie können entweder inhaltlich zusammenhängen (z.B. zum Thema Leben in der Stadt, auf dem Land, Religion etc.) oder grammatische Aspekte als Systematisierungsgrundlage aufweisen (z.B. Präpositionen getrennt nach dem Kasus, den sie induzieren, verba dicendi beim AcI, Konjunktionen etc.). Die im jeweiligen Pool enthaltenen Wörter können auf vielfältige Art und Weise bearbeitet werden:

- Aus den Wörtern können korrekte Wortverbindungen oder Sätze gebildet werden.
- Sie können inhaltlich passenden Wörtern oder Wortverbindungen außerhalb des Pools zugeordnet werden.
- Bei Puzzle- und Systematisierungsaufgaben können Ober- und Unterbegriffe unterschieden und Wörter systematisiert werden.
- In Auswahlübungen können bestimmte Wortarten oder Formen aus einem Wörterpool herausgesucht, farbig markiert oder nach bestimmten Kriterien angeordnet werden.
- Unpassende Vokabeln oder Formen können identifiziert werden.

 Praxisbeispiel: Das Praxisbeispiel dient der Festigung der neu erlernten Formen des Dativs und übt sowohl das Vokabelwissen als auch die Formenbildung im Lateinischen. Die Schüler finden lediglich die Grundformen der Wörter vor, um diese zu sinnvollen Aussagesätzen zu kombinieren, wobei stets auch Formen des Dativs gebildet werden müssen. Gleichzeitig wird die im Lateinischen häufige Verb-Endstellung wiederholt. Durch das Übersetzen der so produzierten Sätze werden nicht nur aktiv der deutsche Dativ und die für Zweitsprachenlernende immer wieder problembehafteten Artikel geübt, sondern zugleich das Bewusstsein für die Verb-Zweitstellung im Deutschen gefördert.

Wem schenkt der Patron etwas?

Es ist ein Festtag in Rom. Der *Patron* hat entschieden, jedem bekannten *Klienten* etwas zu schenken. Aber wer bekommt welches Geschenk? Suche aus den drei Töpfen jeweils

- eine Person (Topf 1),
- einen Gegenstand (Topf 2) und
- ein zum Gegenstand passendes Adjektiv (Topf 3) heraus.

Bilde daraus sinnvolle lateinische Sätze, indem du die jeweiligen Grundformen in die passenden Kasus verwandelst. Es können alle Wörter mehrfach genutzt werden. Übersetze anschließend und verwende bestimmte und unbestimmte Artikel.

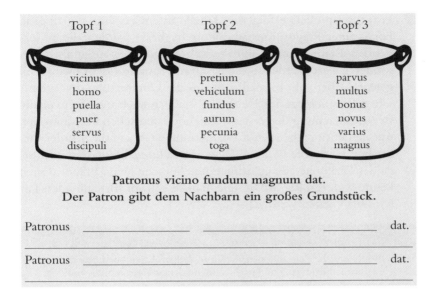

Topf 1	Topf 2	Topf 3
vicinus	pretium	parvus
homo	vehiculum	multus
puella	fundus	bonus
puer	aurum	novus
servus	pecunia	varius
discipuli	toga	magnus

Patronus vicino fundum magnum dat.
Der Patron gibt dem Nachbarn ein großes Grundstück.

Patronus _____ _____ _____ dat.

Patronus _____ _____ _____ dat.

4.2.3 Wortlisten

Wortlisten können vorgegeben oder selbst erarbeitet werden und dienen der Einführung, Wiederholung bzw. Festigung des (Fach)-Wortschatzes. Sie sind eine unerlässliche Hilfe zur korrekten Verwendung der Fachsprache und bieten durch ihre Strukturiertheit eine Hilfestellung für das freie Sprechen (vgl. LEISEN 2010: 12). Ein besonderer Nutzen der Wortlisten liegt aber in der Erweiterung des Wortschatzes und der Förderung der metakognitiven Kompetenzen. Die Wörter sollten in einem Sinnzusammenhang stehen und möglichst in visualisierter Form präsentiert werden. Lässt man Wortlisten selbst erarbeiten, sollten die Quellen und die Kategorien der Systematisierung klar und eindeutig sein. Sollen die Lernenden z.B. eine Wortliste aus den bereits gelernten Präpositionen erarbeiten, wäre es sinnvoll, ihnen zu erläutern, wo diese zu finden sind (in den Texten, im Vokabelverzeichnis) und ob sie nach bestimmten Kategorien angeordnet werden sollen (z.B. nach den Kasusrektionen). Wortlisten sollten mehr bieten als Stoffsammlungen zum Auswendiglernen, sondern den Schülern Möglichkeiten bieten, selbst aktiv zu werden und das neu Gelernte zu reflektieren. Wortlisten können in Form von Lernplakaten und Merkblättern als Lerngrundlage genutzt werden.

Erweiterung
des
Wortschatzes

 Praxisbeispiel: Die folgende Tabelle integriert eine Wortliste in Form einer Präpositionssammlung. In dieser werden alle zu lernenden Präpositionen alphabetisch angeordnet aufgeführt. Besonderer Wert wurde auf die Kontrastierung mit dem Deutschen gelegt. Dabei geht es nicht nur um die Übersetzung der lateinischen Beispielsätze ins Deutsche, sondern auch um die explizite Bewusstmachung der zu verwendenden deutschen Präpositionen mit den entsprechenden Kasusrektionen. Gerade für Schüler türkischer Herkunft ist diese Bewusstmachung besonders wichtig, da das Türkische als agglutinierende Sprache keine Präpositionen kennt (vgl. Kapitel 3.2.6). Die Tabelle soll im fortlaufenden Lateinkurs ergänzt werden.

Meine Präpositionensammlung					
In der folgenden Tabelle findest du alle Präpositionen, die dir in deinem Lateinbuch begegnen werden. Du siehst noch viele Lücken, die du nach und nach während deines Lateinlernens ausfüllen kannst. Du findest immer einen Beispielsatz, in dem die Präposition enthalten ist.					
Präposition (Latein)	Steht im Lateinischen mit dem … (Kasus)	Beispiel (Latein)	Beispiel (Deutsch)	Präposition (Deutsch)	Steht im Deutschen mit dem … (Kasus)
a, ab	Ablativ	Servi **a curia** ad forum properant.	Die Sklaven eilen vom Rathaus zum Marktplatz.	von, von … her	Dativ
ad		Servi **ad forum** properant.			
ante		Pontifex **ante aram** stat.			
apud		**Apud Romanos** multa templa sunt.			
cum		Senator **cum Cassio** curiam intrat.			
de		Senator **de re publica** cogitat. **De Capitolio** forum videmus.			
e/ex		Servi saccos **e tabernis** portant.			
in		Curia **in foro** est.			
in		Senator **in curiam** properat.			
inter		**Inter templa** multae statuae sunt.			

4.2.4 Tandembögen

Tandembögen bestehen aus Fragen und Antworten, die von den Lernenden in Partnerarbeit bearbeitet werden. Zumeist handelt es sich um ein Arbeitsblatt, das in der Mitte geknickt wird und von dem die beiden Lernenden jeweils eine Seite betrachten. Ein Schüler sieht dabei die Frage, liest sie vor und beantwortet sie, der andere sieht die Antwort, hört dem Partner zu und korrigiert ggf. Die sprachbildende Komponente liegt vor allem in der Kombination von Hören, Lesen und Sprechen. Gleichzeitig werden aber auch grammatische Inhalte, Vokabeln oder Sachinformationen vermittelt oder gefestigt (vgl. LEISEN 2010: 73). Gerade die spielerische Art dieser Übungsform wirkt motivierend. Des Weiteren arbeiten die Lernenden sehr selbstständig und eigenverantwortlich. Tandembögen können gut zur Wiederholung und Festigung z.B. vor Klassenarbeiten angewandt werden. Da die Antworten ebenfalls auf den Bögen vermerkt werden, sichern die Schüler ihr Wissen bereits bei der Bearbeitung mit dem Partner ab. Bei den Fragen sollte darauf geachtet werden, dass möglichst geschlossene Fragenformate mit eindeutigen, kurz und präzise zu formulierenden Antworten gewählt werden. Das erleichtert das Prozedere des Antwortens und Korrigierens, da auch die erwarteten Antworten auf den Tandembögen bereits eindeutig vorgegeben werden können. Durch verschiedene Niveaus kann auch eine Binnendifferenzierung erreicht werden (vgl. LEISEN 2010: 73). Tandembögen können auch von den Lernenden selbst erstellt und anschließend gruppenweise in der Klasse ausgetauscht werden, sodass neben einer aktiveren Auseinandersetzung mit dem Stoff auch die schriftliche Textproduktion im Deutschen gefördert werden kann. Praxisvorschläge zum Einsatz von Tandembögen im Lateinunterricht liegen bisher nur vereinzelt vor (vgl. KÜHNE 2001).

Motivation und Selbstständigkeit

 Praxisbeispiel: Das folgende Praxisbeispiel ist ein Tandembogen zur Vertiefung der a-Konjugation im Präsens Aktiv, wobei vor allem die lateinische und deutsche Morphologie sowie die Festigung von Vokabelkenntnissen im Zentrum stehen. Es wurden sowohl Einzelformen als auch einfache Kollokationen verwendet, wobei der Schwerpunkt auf aktiver Bildung und Übersetzung liegt.

Gemeinsam schaffen wir das

1. Falte dieses Arbeitsblatt in der Mitte und setze dich deinem Partner gegenüber so hin, dass jeder nur eine Spalte der Tabelle sehen kann.
2. Derjenige, der die Seite A sieht, beginnt, liest Schüler B die Aufgabe im ersten Kästchen vor und löst sie.
3. Schüler B sieht auf der Seite B im ersten Kästchen die richtige Lösung und kann so prüfen, ob Schüler A die richtige Antwort gegeben hat, und korrigiert notfalls.
4. Danach ist Schüler B selbst dran; er liest die Aufgabe aus dem zweiten Kästchen und bildet die entsprechende Form, wobei nun Schüler A kontrolliert.
5. So geht es abwechselnd immer weiter, bis ihr am Ende des Bogens angekommen seid.

Schüler A	Schüler B
Bilde die 1. Person Plural von *sperare* und übersetze diese Form.	speramus – wir hoffen
adiuvas – du hilfst	Bilde die 2. Person Singular von *adiuvare* und übersetze diese Form.
Bilde die 3. Person Singular von *spectare* und übersetze diese Form.	spectat – er, sie, es schaut
vident – sie sehen	Bilde die 3. Person Plural von *videre* und übersetze diese Form.
Bilde die 2. Person Singular von *gaudere* und übersetze diese Form.	gaudes – du freust dich
porto – ich bringe	Bilde die 1. Person Singular von *portare* und übersetze diese Form.
Bilde die 1. Person Singular von *stare* und übersetze diese Form.	sto – ich stehe
ridetis – ihr lacht	Bilde die 2. Person Plural von *ridere* und übersetze diese Form.
Übersetze: Sie arbeiten auf den Feldern.	Laborant in agris.

Amamus ludum.	Übersetze: Wir lieben die Schule.
Übersetze: Ihr denkt über das Leben nach.	De vita cogitatis.
Senatorem laudas.	Übersetze: Du lobst den Senator.
Bilde den Imperativ Singular von *laborare* und übersetze diese Form.	labora – arbeite!
salvete – seid gegrüßt!	Bilde Imperativ Plural von *salve* und übersetze diese Form.

4.2.5 Lückentexte

Lückentexte sind Fachtexte oder auch bildliche Darstellungen mit gezielt eingebauten, fach- und sprachdidaktisch sinnvollen Lücken, die von den Lernenden ergänzt werden sollen (vgl. LEISEN 2010: 18), um z.B. durch systematische Tilgung bestimmter Wörter oder Wortendungen (z.B. Artikel, Präpositionen, Kasusendungen) Wortschatz oder Morphologie zu vertiefen und zu überprüfen. In entsprechenden grafischen Darstellungen, die sich auch in lateinischen Unterrichtswerken finden, können Wortschatzübungen zu bestimmten Sachgebieten realisiert werden, indem z.B. die einzelnen Räume einer *villa* beschriftet werden sollen. In einem sog. *Wimmelbild* können Präpositionen thematisiert werden: Verschiedene Personen oder Objekte sind in unterschiedlichen Positionen abgebildet und müssen entsprechend unter Verwendung passender Präpositionen beschrieben werden (*ante portam, sub arbore …*). Derartige Abbildungen finden sich seit HARTMUT VON HENTIGS klassischen Maus-Haus-Bildern (1966: 411) regelmäßig in Lateinlehrwerken. Eine Differenzierung im Schwierigkeitsgrad kann dadurch erreicht werden, dass die einzusetzenden Wörter in Wörterlisten vorgegeben oder von den Lernenden selbst erschlossen oder durch ihr Vorwissen ergänzt werden müssen.

 Praxisbeispiel: Das Beispiel entstammt einer Unterrichtsreihe zum Thema Konjugation und KNG-Kongruenz und soll vor allem der Vermittlung des Fachwortschatzes dieses grammatischen Bereiches dienen. In einem Informationstext müssen die vorhandenen grammatikalischen Fachbegriffe um die passenden deutschen Begriffe, die in einer Liste unterhalb des Textes angegeben sind, ergänzt werden. Die Lernenden müssen die im Text vorgegebenen Fachbegriffe durch ihr deutsches Pendant ersetzen. Die Wörterliste kann je nach Anspruchsniveau oder unterrichtlicher Zielsetzung auch weggelassen werden.

<u>Aufgabe:</u> Lies den folgenden Lückentext. Er enthält viele Fachbegriffe, nach denen eine Lücke folgt. Suche aus dem Speicher unten die richtige Umschreibung für den Fachbegriff heraus und schreibe ihn in die Lücke.

Lateinische und deutsche Substantive (Hauptwörter) erscheinen im Singular (_____) und Plural (_____). Singular und Plural werden mit dem Oberbegriff Numerus (_____) bezeichnet.

Beispiel:	servus	der Sklave	(Singular)
	servi	die Sklaven	(Plural)

Substantive können dekliniert (_____), das heißt in verschiedene Kasus (_____) gesetzt werden. Einen Kasus hast du schon kennengelernt: den Nominativ (_____).

Beispiel:	servus	der Sklave	(Nominativ)

Wie im Deutschen weisen die Substantive auch im Lateinischen ein bestimmtes Genus (_____) auf, nämlich Maskulinum (m.) (_____), Femininum (f.) (_____) oder Neutrum (n.) (_____).
Im Deutschen erkennt man das Genus an den bestimmten Artikeln (_____). Im Lateinischen existieren diese nicht; hier geben die Endungen meist einen Hinweis auf das Genus. Das -a als Endung des Nominativs deutet z.B. auf das Femininum (*amica*), ein -us auf das Maskulinum (*servus*) und ein -um auf das Neutrum (*forum*).

<u>Wörter:</u> Hauptwörter – Fälle – (1. Fall/wer oder was?) – Fall –
      Mehrzahl – männlich – gebeugt – Geschlecht – weiblich –
      Anzahl – sächlich – Einzahl – der/die/das

4.3 Kontrastiv-zweisprachiger Unterricht

Unter den Schulsprachen wird im altsprachlichen Unterricht am konsequentesten auf eine explizite, d.h. bewusst herbeigeführte und didaktisch gesteuerte Auseinandersetzung mit der Grammatik Wert gelegt. Auch im Bereich von Deutsch als Zweitsprache wird dieser Ansatz intensiv diskutiert, wobei der Diskurs vom Dualismus zwischen impliziter und expliziter Grammatikvermittlung geprägt wird (vgl. Kapitel 1.4). Insgesamt scheint es eher günstig, im Unterricht mit Zweitsprachlern implizite und explizite Lernformen zu mischen. Rein implizite, inhaltlich-kommunikative Lernarrangements vernachlässigen die Bedürfnisse der DaZ-Lernenden nach explizitem Regelwissen. Rein explizite Zugänge zur Grammatik hingegen versäumen die Kontextualisierung und reduzieren die sprachlichen Fähigkeiten auf deklaratives, formal determiniertes Wissen. So hat es sich im Rahmen der DaZ-Forschung als wenig nachhaltig erwiesen, grammatische Phänomene an Einzelsätzen und nicht anhand relevanter Kommunikationsanlässe zu üben, da der Transfer der explizit vermittelten Regeln auf die korrekte Umsetzung in die Praxis bei DaZ-Lernenden nicht automatisch funktioniert. Es ist also ein Unterrichtsprinzip anzustreben, das beide Formen verbindet (vgl. JEUK 2010: 136 f.). Diese Grundsätze haben sich seit den 70er Jahren ebenfalls im Lateinunterricht durchgesetzt. Tendenziell sinnfreie Einzelsätze werden vermieden, stattdessen geht es darum, Spracherwerb, Sprachreflexion und Inhaltsbetrachtung in sinnvoller Weise auf der Grundlage von Texten miteinander zu verknüpfen (vgl. KIPF 2006: 264 ff.).

Grammatik: implizit oder explizit?

In Kapitel 2.3 wurde bereits auf die didaktischen Möglichkeiten eines kontrastiv-zweisprachig ausgerichteten Unterrichts hingewiesen, der durch die Anregung zur Sprachreflexion über ein besonderes Potenzial zur Förderung der Sprachkompetenzen von DaZ-Lernenden verfügt (vgl. WAIBLINGER 1998) und auch im DaZ-Bereich einige Aufmerkamkeit erhält (vgl. KNIFFKA/SIEBERT-OTT [2]2009: 186 ff.). Im Lateinunterricht bestehen durch das Lernen mittels Sprachvergleich zahlreiche Möglichkeiten, einen Zugang zur deutschen Sprache und insbesondere zur konzeptionellen Schriftlichkeit zu erhalten. Gleichzeitig stellt die derzeitig vorherrschende, zumeist stark horizontalisiert–einsprachige Unterrichtsmethode mit ihren nicht selten zur Überlastung neigenden lateinischen Lektionstexten viele Schüler ndH vor kaum zu bewältigende Herausforderungen. Im Sinne WAIBLINGERS (1998) bietet es sich daher an, nach Bedarf eine kontrastive, deutsch-lateinische Arbeitsweise im Unterricht zu etablieren.

Sprachvergleich

In Anlehnung an diese konzeptionellen Überlegungen scheint es sinnvoll, gerade in einem sprachfördernd ausgerichteten lateinischen Anfangsunterricht gezielt kontrastiv-zweisprachig zu arbeiten. Auf diese Weise ergeben sich bessere Voraussetzungen dafür, dass auch Schüler ndH grammatische Regeln, Strukturen, Parallelen und Unterschiede im Lateinischen und Deutschen selbst ausfindig machen und erklären können.

Lehrbuch *Nota*

Wertvolle Anregungen hierfür bietet ein Blick in die jüngere Geschichte des Lateinunterrichts, und zwar am Beispiel des reformorientierten Lehrwerks *Nota* aus den 70er Jahren des 20. Jahrhunderts, dem freilich ein nachhaltiger Erfolg versagt blieb: „Der Lehrgang arbeitet ausgeprägt kontrastiv-vergleichend, teils zwischen Latein und Deutsch, teils innerhalb der lateinischen Sprache, wodurch gerade der Blick für systemgrammatische Zusammenhänge […] geschärft wird. Diese Methode ermöglicht ein hohes Maß an Selbstständigkeit und eröffnet Einsicht in Methoden des Lernens. Induktion, die Schülerinnen und Schüler zu einer permanenten Analyse der Texte und ihrer Sprachmittel anhält, überwiegt im Lehrgang." (FUHRMANN et al. 1976: 5) So finden sich verschiedene Lektionen mit einem zweisprachig organisierten Grundtext. „Wenn eine Übersetzung gegeben ist, bedeutet das nicht, daß hier bereits ein Teil der Schülerarbeit geleistet sei. Vielmehr ist der Vergleich von Text und Übersetzung wesentliche Voraussetzung für die weitere Arbeit in der Lektion." (FUHRMANN et al. 1976: 5) Ein solcher Sprachvergleich kann folgendermaßen gestaltet werden: In Lektion 5 findet sich zunächst ein ausschließlich lateinischer Grundtext, in dem schwerpunktmäßig verschiedene Gliedsätze (*cum, ut,* Relativsätze) thematisiert werden. Dieser Grundtext wird dann in einer abgewandelten Version dargeboten, in dem die Gliedsätze durch Umwandlung in Hauptsätze fehlen. Hier ist nun der lateinischen Fassung eine deutsche Übersetzung beigegeben. Die vormaligen Nebensätze sind jeweils kursiv gesetzt.

Lateinischer Grundtext (Auszug) (FUHRMANN et al. 1976: 40):

Octavianus, cum Antonium superavisset, Romam rediit. Inter cives, qui victorem salutare cupiebant, erat homo quidam admodum callidus; corvum tenebat, quem verba docuerat. „Ave Caesar victor!"

Zweisprachige Version ohne Gliedsätze (Auszug) (FUHRMANN et al. 1976: 41):

Octavianus *Antonium superaverat* et Romam rediit.	Octavian *hatte Antonius überwunden und* kehrte nach Rom zurück.
Cives *victorem salutare cupiebant.* Inter cives erat homo quidam admodum callidus. Corvum tenebat. *Corvum verba docuerat:* „Ave Caesar victor!"	*Bürger wollten den Sieger begrüßen.* Unter den Bürgern befand sich ein sehr schlauer Mensch. Er hatte einen Raben. *Dem Raben hatte er die Worte beigebracht*: „Sei gegrüßt, siegreicher Cäsar!"

Dieses Arrangement wird genutzt, um sprachvergleichend arbeiten zu können, und zwar in einer Art und Weise, wie sie auch für Schüler ndH produktiv sein dürfte, da im Sinne konzeptioneller Schriftlichkeit reflektierend und aktiv produzierend mit dem Deutschen umgegangen werden muss. Folgende Aufgabe verdeutlicht dies (FUHRMANN et al. 1976: 41):

> Sie können auch im D (= Deutschen) Nebensätze bilden. Suchen Sie geeignete deutsche Einleitungswörter und verwandeln Sie mit deren Hilfe die schräg gedruckten Teile der Übersetzung in Nebensätze. Hierfür ein Beispiel:
> Satzordnung der Übersetzung:
> Bürger wollten den Sieger begrüßen. Unter den Bürgern befand sich ein sehr schlauer Mensch.
> Satzgefüge mit Nebensatz:
> Unter den Bürgern, die den Sieger begrüßen wollten, befand sich ein sehr schlauer Mensch.

Danach sollen die deutschen Einleitungswörter den zuvor identifizierten lateinischen zugeordnet werden. Erst danach wird der lateinische Grundtext übersetzt.

Eine Lektion könnte – in Anlehnung an *Nota* – folgendermaßen aufgebaut sein: Den Einstieg bildet ein deutschsprachiger Informationstext zum Textinhalt. Danach folgt der Textteil in tabellarischer Form: Eine Spalte bietet den lateinischen Grundtext, dem in einer zweiten Spalte eine deutsche, möglichst parallel konstruierte Lateralversion gegenübergestellt wird. Daran schließen sich Informationen und Aufgaben zur Grammatik, Formenlehre und Syntax an, die aus zeitökonomischen Gründen auch deduktiv angelegt sein können. Es folgt ein eigener Übungsteil, der die wichtigsten Inhalte wieder aufgreift und festigt. Den Schluss bildet der Lernwortschatz.

Tempus-funktionen im Vergleich

Praxisbeispiel: Im Sinne der Kontrastierung steht in diesem Unterrichtsbeispiel ein expliziter Sprachvergleich im Vordergrund, um die Tempusfunktionen im Lateinischen und Deutschen zu thematisieren. Besonderer Wert wurde auf die unterschiedlichen Erzähltempora (im Lateinischen das Perfekt, im Deutschen das Präteritum) und ihre semantische Funktionalität gelegt, ein für Zweitsprachler besonders komplexes Feld, da sich die jeweiligen Muttersprachen z.T. stark vom Deutschen unterscheiden. Auch die Terminologie kann Schwierigkeiten bereiten, da sich beispielsweise die lateinischen Begriffe Präsens, Präteritum, Perfekt etc. nicht exakt in das türkische Tempussystem einordnen lassen (vgl. Kapitel 3.3.3). Im Zentrum der Reihe steht das lateinische Imperfekt in seiner durativen und iterativen Funktion, das Perfekt wird auf seine Funktion im Lateinischen als Erzähltempus mit punktuellem Aspekt beschränkt. Zur Kontrastierung linearer und punktueller Handlung wird ein Tempusrelief herangezogen.

Die Unterrichtseinheit wurde durch eine zweisprachige Darbietung des überarbeiteten Lektionstextes zur Lektion 8 aus *Salvete Neu* (vgl. ALTHOFF et al. 2006: 51) eingeleitet. Auf dieser Grundlage konnten die Schüler zunächst erarbeiten, dass im Lateinischen und Deutschen im selben Kontext Tempora unterschiedlich benutzt werden: Besonders auffällig ist beispielsweise, dass das lateinische Perfekt als Erzähltempus im Deutschen keine Entsprechung hat und mit dem Präteritum wiedergegeben wird. Durch die kontrastive Textanordnung werden die Schüler deutlich auf diese sprachliche Differenz aufmerksam gemacht.

 Aeneas muss sich entscheiden

Die Griechen hatten es geschafft, in die Stadt Troia einzudringen. Viele Troianer versuchten zu fliehen, andere kämpften, verteidigten ihre Stadt und starben. Auch Aeneas nahm den Kampf auf. Die Götter hatten allerdings einen anderen Plan für ihn. Er musste sich entscheiden: Sollte er kämpfen und sein Leben riskieren oder mit seiner Frau Creusa, seinem Vater Anchises und seinem Sohn Ascanius fliehen?

Decem annos Graeci Troiam expugnare non poterant. Denique autem oppidum intraverunt. Troiani et Graeci diu pugnabant. Interea Hector mortuus somnio Aeneae nuntiavit: „Novam in patriam naviga, serva familiam tuam!" Aeneas tamen pugnare et Troiam servare cogitabat. Sed dei Aeneam etiam aliis prodigiis monebant. Postremo fato deorum paruit; familia Aeneae et pauci socii ad oram ierunt. Subito Aeneas Creusam non iam videre potuit. Itaque in oppidum rediit. Per vias errabat, iterum atque iterum Creusam vocabat. Tum umbra Creusae appropinquavit et Aeneam monuit: „Ego mortua sum, tu autem serva et te et Ascianium filium et familiam nostram! Naviga in novam patriam!" Denique Aeneas Creusae paruit et ad oram rediit. Aeneas et pauci socii per altum diu navigabant.

Zehn Jahre lang konnten die Griechen Troia nicht einnehmen. Schließlich aber drangen sie in die Stadt ein. Die Troianer und die Griechen kämpften lange. Inzwischen verkündete der tote Hector Aeneas in einem Traum: „Segle in eine neue Heimat, rette deine Familie!" Dennoch dachte Aeneas daran, zu kämpfen und Troia zu retten. Aber die Götter ermahnten Aeneas auch mit anderen Zeichen. Schließlich gehorchte er dem Willen der Götter; die Familie des Aeneas und einige Gefährten liefen zur Küste. Plötzlich konnte Aeneas Creusa nicht mehr sehen. Deshalb kehrte er in die Stadt zurück. Er irrte durch die Straßen, wieder und wieder rief er nach Creusa. Dann näherte sich der Schatten Creusas und ermahnte Aeneas: „Ich bin tot, du aber rette dich und unseren Sohn Ascanius und unsere Familie! Segle in eine neue Heimat!" Schließlich gehorchte Aeneas Creusa und kehrte zur Küste zurück. Aeneas und wenige Gefährten segelten lange über das Meer.

Tempusgebrauch im Lateinischen und im Deutschen – Was ist gleich und was ist anders?

1. Lest in der Gruppe die beiden Texte und unterstreicht alle lateinischen und deutschen Prädikate mit einem grünen Stift!
2. Tragt die unterstrichenen Prädikate in die Tabelle ein und füllt die Spalten wie in dem vorgegebenen Beispiel aus! Doppelte Verbformen müssen nicht zweimal eingetragen werden. Denkt auch daran, im Deutschen das Personalpronomen oder Subjekt aufzuschreiben!
3. Vergleicht die Tempusbildung und untersucht, ob im Lateinischen und Deutschen dasselbe oder unterschiedliche Tempora benutzt werden. Sammelt diese Gemeinsamkeiten und Unterschiede in der Tabelle auf dem Extrablatt!

Verbform im Lateinischen	Tempus	Verbform im Deutschen	Tempus
non poterant	Imperfekt	*sie konnten … nicht*	Präteritum

Nach dieser zweisprachigen Einführung erfolgte die notwendige inhaltliche Vertiefung. Hierfür wurde das Gruppenpuzzle als eine Methode genutzt, die das eigenverantwortliche Arbeiten stützt. Die Lerngruppe wurde daher in Stammgruppen zu drei bis vier Schülern eingeteilt. Diese erhielten den Auftrag, sich gemeinsam die Themen „Tempusgebrauch und Tempusrelief", „Imperfekt" und „Perfekt" zu erarbeiten. Hierzu bearbeitete aus jeder Gruppe ein Experte von der Lehrkraft vorbereitete Informationstexte und erschloss sich im Austausch mit den übrigen Experten sein Themengebiet, um anschließend die Ergebnisse anhand eines erstellten Plakates seinen Stammgruppenmitgliedern zu präsentieren. Vorträge und Plakate wurden somit zur Lerngrundlage. Bei der Erarbeitung des Unterrichtsmaterials wurde explizit auf die Bedürfnisse der DaZ-Lernenden geachtet. Inhaltlich wurden die Sachinformationen so weit reduziert, dass sie das Wesentliche abdeckten und nicht überlastend wirkten. Die Formulierungen der Informationstexte und Arbeitsaufträge wurden in Zusammenarbeit mit den unterrichtenden Lehrkräften dem Sprachstand der Schüler angepasst. Dennoch wurde auf ein hohes Maß an Fachlichkeit geachtet. Die Arbeitsaufträge wurden eindeutig und klar gestuft erteilt, die Sach- und Informationstexte durch Visualisierungen und Texterschließungshinweise entlastet. Danach schloss sich eine Übungsaufgabe zur Festigung des Stoffes an. In dieser Übung hatten die Schüler die Aufgabe, die eingangs im einführenden Text identifizierten Zeitformen funktional zu bestimmen. Am Ende der Einheit musste ein thematisch entsprechend ausgerichteter lateinischer Text in korrektes Deutsch übersetzt werden, ferner mussten grammatische Zusatzfragen zu den behandelten Tempusfunktionen beantwortet werden. Es zeigte sich in einer Evaluation, dass diese Vorgehensweise und das Unterrichtsmaterial von den DaZ-Lernenden sehr positiv aufgenommen wurden; die Schüler erzielten einen erheblichen Wissenszuwachs (vgl. Kapitel 2.3.1).

Als dritte Komponente könnte man die Herkunftssprachen in den Sprachvergleich einbeziehen. Das würde der Forderung nach Mehrsprachigkeit im Unterricht gerecht werden, wie sie von vielen DaZ-Didaktikern vorgebracht wird (vgl. RÖSCH [4]2011: 141 ff.; JEUK 2010: 132 ff.; KNIFFKA/SIEBERT-OTT [2]2009: 168 ff.). Hierfür ist es jedoch nicht nötig, dass die Lehrkraft die Herkunftssprache umfassend erlernt hat, sondern es genügt, wenn sie grundlegende Prinzipien kennt (vgl. hierzu Kapitel 3). Beachtenswert ist in diesem Zusammenhang, dass die DaZ-Lernenden als Experten für ihre jeweiligen Herkunftssprachen in das Unterrichtsgeschehen aktiv eingebunden werden können, indem sie auf ihr Wissen produktiv zurückgreifen und dieses im Plenum präsentieren. So könnte man einen Beitrag dazu leisten, dass die Schüler ndH auch in ihrer Herkunftssprache gefördert werden (vgl. RÖSCH [4]2011: 141); zum anderen kann die Lehrkraft auf diese Weise Übertragungsfehler leichter erkennen, gezielt z.B. durch einen Sprachvergleich verdeutlichen und so für die Zukunft vermeiden (vgl. RÖSCH [4]2011: 59). Für den Unterricht kann die gezielte Integration der Herkunftssprachen sehr bereichernd sein; durch das Entdecken von Gemeinsamkeiten und Unterschieden zwischen den einzelnen Sprachen werden die Schüler zur Sprachreflexion und Entwicklung von Sprachbewusstsein angeregt.

Praxisbeispiel: Im Lateinischen und Deutschen gibt es hinsichtlich der Verwendung der Personalpronomina große Unterschiede (vgl. Kapitel 3.3.1). Da auch im Türkischen Analogien und Abweichungen hinsichtlich dieses Sprachphänomens vorhanden sind, bietet sich hier die Einbeziehung der Herkunftssprache Türkisch an.

Mehrsprachigkeit

Personalpronomina

Die dokumentierte Übung ist progressiv aufgebaut und berührt unterschiedliche Bereiche der Sprachkompetenz im Deutschen. Zunächst erhalten die Schüler eine tabellarische Übersicht, in der der Gebrauch des Personalpronomens in den Sprachen Latein, Deutsch und Türkisch gegenübergestellt wird. Die Schüler sollen den Inhalt erfassen und anschließend Unterschiede und Gemeinsamkeiten in einer Tabelle sammeln. Hierbei können die Lernenden mit einem Partner zusammenarbeiten, um auch die kommunikativen Kompetenzen und die Fachsprache einzuüben.

Latein	Deutsch	Türkisch
Im Lateinischen wird das Personalpronomen nur dann genutzt, wenn eine besondere Betonung ausgedrückt werden soll. Daher begegnen sie dir nicht so häufig wie im Deutschen.	Das Personalpronomen zeigt die grammatische Person an: ich, du, er, sie, es, wir, ihr sie. Im Deutschen findest du es sehr häufig, da es als Ersatz für ein Substantiv genutzt werden kann.	Im Türkischen dient das Personalpronomen hauptsächlich der Betonung und kann in den meisten Fällen auch weggelassen werden. Die handelnde Person ist nämlich auch am Personalsuffix zu erkennen.
ego — nos	ich — wir	ben — biz
tu — vos	du — ihr	sen — siz
is, ea, id — ii, eae, ea	er, sie, es — sie	o — onlar
Achtung! Im Lateinischen genügt es, bei der Konjugation ausschließlich die Personalendung der Verben aufzuführen.	Achtung! Beim Konjugieren musst du im Deutschen immer ein Personalpronomen hinzufügen.	Achtung! Im Türkischen kannst du beim Konjugieren das Personalpronomen hinschreiben oder auch weglassen.

1. Was ist gleich, was ist unterschiedlich? Sammle aus der Tabelle die wichtigsten Gemeinsamkeiten und Unterschiede zwischen dem Deutschen, Lateinischen und Türkischen.

	Deutsch – Latein	Deutsch – Türkisch	Latein – Türkisch
Gemeinsamkeiten			
Unterschiede			

> 2. Versuche mit Hilfe der Tabelle und deiner Mitschüler die folgende Tabelle zu vervollständigen.

Latein	Deutsch	Türkisch
(ego) lego	ich lese	(ben) okuyorum
	ihr arbeitet	(siz) çalışıyorsunuz
(ego) exspecto		

4.4 Textproduktion und Sprachreflexion

4.4.1 Wortgeländer

Wortgeländer sind Grundgerüste aus vorgegebenen Wortelementen oder Satzteilen, aus denen ein Text konstruiert werden soll (vgl. LEISEN 2010: 14). Sie dienen der Orientierung am vorgegebenen Wortmaterial, müssen aber durch weitere Wörter ergänzt werden. Hierin unterscheiden sie sich vom Textpuzzle, in denen alle für einen vollständigen Text benötigten Satzteile, Satzelemente oder sogar ganze Sätze angegeben und von den Lernenden nur in die syntaktische und inhaltlich richtige Reihenfolge gebracht werden müssen (vgl. LEISEN 2010: 22). Beide dienen der korrekten Verwendung der Fachsprache und arbeiten sprachgestützt, also mit direkter Hilfe bei der Textproduktion durch Vorgabe sprachlicher Mittel, sodass auch eine Hilfestellung für das aktive Sprechen im Deutschen gewährleistet wird. Wortgeländer und Textpuzzles können sowohl der Vermittlung von Fachwörtern, Vokabeln und Grammatik dienen als auch rein inhaltliche Informationen transportieren oder strukturieren.

Praxisbeispiel: Dieses Praxisbeispiel stellt im Kern eine Übersetzungsübung aus dem Deutschen ins Lateinische dar. Durch die vorgegebenen Wortgeländer (z.B. *balnea – semper esse – turba*) können die Schüler diese Aufgabe zu den neu gelernten Endungen des Ablativs lösen, ohne dass fehlende Vokabeln die Arbeit erschweren.

> Übersetze den folgenden deutschen Text ins Lateinische. Orientiere dich an den Vokabelhilfen, beachte aber, dass nur die Grundformen angegeben sind. Die richtigen Endungen musst du selbst bilden. Auch die richtigen Präpositionen musst du ergänzen.

Quintus erzählt Marcus oft über die neue Badeanstalt.	narrare – saepe – novus – balneae
Quintus Marco saepe de balneis novis narrat.	
Daher besucht er mit seinem Freund das großartige Gebäude.	itaque – visitare – magnificus – aedificium
In der Badeanstalt ist eine große Menschenmenge.	magnus – turba – adesse
Plötzlich kommt ein Senator in die Badeanstalt und ruft mit lauter Stimme: „Wo ist mein Sklave?"	subito – senator – venire – clamare – vox magna – ubi – servus – esse
Schnell eilt der Sklave durch die Menschenmenge herbei und ruft: „Wo ist mein Herr?"	cito – servus – accurrere – clamare – dominus

4.4.2 Fehlertexte

Im Unterricht wird in gezielt präpariertem Text- oder Bildmaterial nach Fehlern gesucht, die anschließend von den Lernenden korrigiert werden (vgl. LEISEN 2010: 28). Nicht selten wird dieses Vorgehen kritisiert, da es als bedenklich gilt, falsche Angaben quasi als Beispiele zu präsentieren. Dies ist jedoch leicht vermeidbar, indem die Fehler durch die Schüler deutlich markiert, erläutert und berichtigt werden. Grundsätzlich bieten sich deutsche und lateinische Fehlertexte an: Zur Erstellung deutscher Texte kann man sich an den typischen Stolpersteinen der deutschen Grammatik orientieren, die in der Forschung klar benannt werden (vgl. RÖSCH 2011a: 80 ff.; vgl. Kapitel 1.4). Besonders sinnvoll sind deutsche Fehlertexte zur Berichtigung von Klassenarbeiten und Tests. Typische Fehler der Lerngruppe können hierbei anhand der einzelnen Sätze präsentiert, im Plenum identifiziert und auf der Grundlage des lateinischen Textes korrigiert werden. Darüber hinaus bieten sich deutsche Sachtexte an, in denen Fachbegriffe falsch verwendet werden oder fehlerhafte Informationen verborgen sind. Aus dem Lateinischen eignen sich morphologische Phänomene (Kasus, Tempusendungen) zur Bearbeitung in Fehlertexten oder auch Verbvalenzen, Präpositionen und Konjunktionen sowie bestimmte Satzarten. Auch Abbildungen können so manipuliert werden, dass inhaltliche Zusammenhänge nicht korrekt dargestellt werden. So könnte man in einem sog. *Wimmelbild* Präpositionen bei einzelnen Personen oder Objekten positionieren, die sachlich unpassend sind, und diese dann verbessern lassen.

Praxisbeispiel: Dieses Praxisbeispiel zeigt einen Text mit sprachlichen Fehlern. Dieser ist einer Unterrichtseinheit zur Einführung des Akkusativs entnommen und zielt auf die richtige Kasusbildung und Artikelverwendung im Deutschen. Die Lernenden sind aufgefordert, den Text zunächst still für sich durchzulesen und die begegnenden Fehler zu markieren. Im Anschluss wird der Text laut vorgelesen, wobei die fehlerhaften Formen durch die korrigierten ersetzt werden. Gerade bei der Arbeit mit DaZ-Lernenden hat sich die Klangprobe als gutes Hilfsmittel zur Bildung korrekter sprachlicher Äußerungen erwiesen (vgl. HUNEKE/STEINIG 2011: 42). Sie entlastet die sich anschließende schriftliche Berichtigung und stellt sicher, dass alle Fehler zur Kenntnis genommen wurden. Der Text ist eine freie Übersetzung des Lehrbuchtextes aus dem Lehrbuch *Lumina* (vgl. SCHLÜTER 2005: 24) und kann ggf. nach der gemeinsamen mündlichen Übersetzung zur zusätzlichen Übung verwendet werden.

1. Der Fehlerteufel hat zugeschlagen und im folgenden Text viele Fehler versteckt. Kannst du sie finden?
2. Markiere alle Fehler im Text mit einem roten Stift.
3. Schreibe die richtigen Formen in den Text.
4. Wie geht die Geschichte wohl weiter? Warum lacht Syrus? Schreibe eine Fortsetzung und benutze mindestens fünf Akkusativobjekte.

Syrus in der Subura

Am Abend schreibt der Senator Marcus einen langen Brief. Er schreibt an seinem Freund Atticus, einen Gutsverwalter. Dann ruft er Syrus zu sich. Syrus ist ein zuverlässiger Sklave. Deshalb soll er dem Brief zu Atticus bringen. Syrus freut sich gar nicht, denn sie ist ängstlich, und die dunkle Nacht erschreckt sie. Außerdem muss er durch den Subura gehen, eine düstere und unangenehme Gegend. Zuerst ist Straße sehr breit, dann sie wird immer enger und dunkler. Die ganze Stadtteil schläft. Syrus ist ganz allein. Plötzlich sieht er hinter ihr einen großen Schatten. Der Schatten nähert sich. Der Sklave fürchtet sich vor ihr. Deshalb beginnt er zu rennen. Aber auch der Schatten eilt schneller. Syrus fürchtet sich mehr und mehr: sie rennt und rennt und hält einen Brief ganz fest. Schließlich kann es nicht mehr laufen und schnappt atemlos nach Luft. Er blickt zur Schatten und erwartet einen Schlag ... Aber es geschieht nichts. Plötzlich beginnt Syrus zu lachen.

4.5 Sprachbildende Übungen in lateinischen Unterrichtswerken: Status quo und Potenziale

In den lateinischen Lehrwerken, die für den deutschsprachigen Markt aufgelegt werden, ist Deutsch die grundlegende Sprache. Der vielerorts mehrsprachige Klassenraum, in dem für viele Lernende Deutsch nicht Erst-, sondern Zweitsprache ist, wird in den Büchern, sei es in den Aufgabenstellungen, sei es in den grammatischen oder realienkundlichen Erläuterungen, bisher kaum berücksichtigt – dabei wären viele Angebote denkbar, etwa Fachglossare oder entsprechend gekennzeichnete Übungen, die sich vor allem an Schüler ndH richten. Die auf dem Markt befindlichen Lateinlehrwerke der sog. „Vierten Generation"[2] für Latein als zweite und dritte Fremdsprache bieten jedoch zahlreiche Übungen, bei denen Latein und Deutsch zueinander in Bezug gesetzt werden. Für dieses Sprachenpaar findet sich vergleichsweise mehr Material als für andere Schulfremdsprachen, die in Lateinlehrwerken eine Rolle spielen, allen voran Englisch, gefolgt von den romanischen Sprachen Italienisch, Französisch, Spanisch (vgl. SIEBEL 2011).

Heterogenität in Lehrwerken?

Unter den analysierten Lehrwerken[3] sticht *Via Mea* als das bisher einzige Lehrwerk hervor, dessen Konzeption die reale Heterogenität der Schülerschaft im Hinblick auf Sprache und Kultur berücksichtigt: „Insbesondere Hunderttausende schulpflichtige Türkischstämmige, die zugleich mit der türkischen und der deutschen Sprache aufwachsen,

---

[2] Mit „Vierter Generation" bezeichnet man Publikationen ab dem Jahr 2004, dem Erscheinungsjahr von *Prima A*. Für die Einteilung in Lehrbuchgenerationen vgl. WESTPHALEN 2008: 47 ff.

[3] Für diese Untersuchung wurden 13 Lehrwerke ausgewertet (SIEBEL 2011: 108).

waren Anlass, auf einige Besonderheiten dieser Sprache ein besonderes Augenmerk zu richten" (PINKERNELL-KREIDT et al. 2011b: 4)[4]. Unter der Rubrik „Sprachförderung" informieren die *Via Mea*-Lehrerhandreichungen über zentrale Unterschiede und Gemeinsamkeiten von Latein, Türkisch und Polnisch im Vergleich zum Deutschen. Zu den behandelten Phänomenen gehören der agglutinierende Charakter der türkischen Sprache, die Verwendung des Artikels bzw. die Artikellosigkeit im Türkischen, die Wortstellung im Aussagesatz, Präpositionalausdrücke vs. Richtungssuffixe und der Instrumentalis. Diese kurzen Überblicke mit ihren präzisen Beispielen und Hinweisen zur Aussprache sind lehrwerkunabhängig und dazu geeignet, sich mit ausgewählten sprachlichen Strukturen und Phänomenen vertraut zu machen (vgl. Kapitel 3). Positiv anzumerken ist zudem, dass das *Via-Mea*-Grammatik-Begleitheft 1 Deklinations- und Konjugationstabellen bietet, in denen Substantiv- und Verbformen mit einer deutschen Übersetzung erscheinen. Die deutschen Substantive werden dort mit dem deklinierten bestimmten Artikel aufgeführt. Es ist allgemein ratsam, dass DaZ-Lernende im Lateinunterricht stets über eine solche Referenz verfügen (vgl. RÖSCH ⁴2011: 44). In den Handreichungen anderer Lehrwerke vermisst man ein Bewusstsein für den mehrsprachigen Klassenraum und die steigende Zahl der Lernenden, für die Deutsch die Zweitsprache ist.

Das Üben in den zentralen Bereichen Wortschatz und Grammatik ist vor allem für DaZ-Lernende in der Spracherwerbsphase unabdingbar. Die Trennung dieser beiden Bereiche ist bekanntlich nicht strikt durchführbar, da beispielsweise der semantische Aspekt eines

Übung

---

[4] Auch im Vorwort zur Neuausgabe 2004 des Lateinlehrwerkes von BORNEMANN, das ursprünglich bereits 1948 erschien und nach zwölf Auflagen 1964 erstmalig neu bearbeitet wurde, geht es um „Migrantenkinder". Die Autoren betonen den sprachtherapeutischen Nutzen, den Lateinunterricht für Kinder ndH entfalten kann, insbesondere wenn sie im Alter von neun oder zehn Jahren zuerst Latein anstatt einer modernen Fremdsprache erlernen: „Alle diese Schwierigkeiten können im Rahmen eines früh einsetzenden Lateinunterrichts während der ersten eineinhalb bis zwei Jahre behoben werden" (SCHÖNBERGER/SMITH 2004: 6). Der Verweis auf DaZ-Lernende an genannter Stelle ist auch deshalb überraschend, da es sich um ein Lehrbuch handelt, dessen Didaktik, Methodik und Gestaltung nicht mehr zeitgemäß sind. Auch aus DaZ-Sicht erscheinen die vorgenommenen Maßnahmen (z.B. Grammatikregeln, Tabellen) zur Zweitsprachförderung kaum angemessen.

Wortes immer mit anderen sprachlichen Ebenen wie Morphologie, Syntax und Stilistik verknüpft ist und zudem vom Kontext determiniert wird (vgl. SCHIROK 2010: 13). Übungen im Lateinunterricht, die der Förderung des Deutschen als Zweitsprache dienen, werden in der fachdidaktischen Literatur bisher kaum thematisiert. Grundlage aller folgenden Überlegungen bildet eine Bestandsaufnahme vorhandener Übungen. Inwiefern diese für den Unterricht mit Schülern ndH verwendbar sind, wird zuerst für den Wortschatz, dann für Morphologie und Syntax untersucht. Das Abgleichen mit etablierten Kriterien der DaZ-Förderung erfolgt en passant. In einigen Übungen soll durch die Reflexion über bestimmte sprachliche Strukturen das Bewusstsein für Ausdrucksmöglichkeiten und die korrekte Orthografie im Deutschen gefördert werden; inhaltlich lässt sich dieses Material nicht immer eindeutig den drei genannten Bereichen zuordnen.

4.5.1 Wortschatzarbeit

a) Fremd- und Lehnwörter: In allen Lehrwerken gibt es Übungen zur Herleitung von Fremd- und Lehnwörtern im Deutschen. Diese zu verstehen und korrekt zu verwenden, ist für DaZ-Lernende eine große, aber lohnende und zugleich unumgängliche Herausforderung, da sie ihnen den Zugang zur (gehobenen) Allgemeinsprache sowie zu den verschiedenen Fachsprachen in der Schule eröffnen (vgl. RÖSCH [4]2011: 87). Im Hinblick auf den Sprachunterricht ist bei den Fremdwörtern auch die gesamte grammatische Terminologie zu verorten (vgl. RÖSCH [4]2011: 179), ohne die das Reflektieren über Sprache nicht möglich ist. Der Lateinunterricht kann aufgrund seiner terminologischen Reichhaltigkeit ein umfassendes, transferierbares Fundament für viele Fachsprachen legen und sprachen- und fächerübergreifende Kooperationen anbahnen.

Das Spektrum der zugehörigen Aufgabenformate ist breit (vgl. SIEBEL 2011): Einerseits findet sich die schlichte, regelmäßig im Lehrwerk wiederkehrende Aufforderung, vier bis fünf deutsche Fremdwörter zu erläutern, die sich auf ausgesuchte Lernvokabeln der Lektion beziehen, so in *Campus C*, *Felix-neu*, *Intra*, *prima A / C / nova*. Einen besonderen Schwerpunkt auf die Verzahnung mit dem englischen Wortschatz legen *Intra I* und *II* mit dem durchgehenden Übungstyp „Hanteltraining", aber punktuell auch *Actio 1* (HOLTERMANN et al. 2006: 107) und *Actio 2* (HOLTERMANN et al. 2006a: 29). Erscheinen sie ohne Kontext, wird das Verständnis von Wörtern wie *Akklamation, appellativ, Oratorium* oder *glorreich* gegenüber *glorios* insbesondere für

DaZ-Lernende erschwert. Auch Wörter aus dem religiösen Bereich wie *Firmling, Firmung, Konfirmation, Ornat* sind ohne kulturelles Hintergrundwissen kaum von Lernenden selbstständig erklärbar (alle genannten Beispiele finden sich in *Auspicia I* (KLAUS et al. [2]2005). Der Lehrkraft dürfte die Zeit fehlen, Begriffe dieser Art regelmäßig zu erläutern. Es empfiehlt sich daher, solche Wörter gesondert mit den Lernenden zu betrachten.

Optimalerweise sollte ein aus dem Lateinischen stammendes Fremdwort kontextualisiert in einem deutschen Satz erscheinen, da Schüler ndH auf diese Weise auch wichtige Informationen zur deutschen Syntax hinsichtlich präpositionaler Verbindungen und Verbvalenzen sowie zur Semantik erhalten. Dies geschieht im Sinne der konzeptgestützten Wortschatzarbeit, bei der Vokabeln im Kontext eingeführt bzw. wiederholt werden, bevor die DaZ-Lernenden sie selbstständig verstehen und verwenden (vgl. RÖSCH [4]2011: 63). Im Lateinunterricht ermöglicht beispielsweise eine mündliche Übung dieser Art die Anwendung: „Erfinde eine Geschichte, in die du möglichst viele neue Lernvokabeln auf Lateinisch einbindest." (*Campus C3*, UTZ et al. 2010: 45) Die schriftliche Verwendung kann durch das Verfassen eines Briefes geübt werden, in den Fremdwörter lateinischen Ursprungs zu integrieren sind, die wiederum in einer weiteren Arbeitsphase ein Partner herausfinden soll, wie z. B. beim Vorschlag im Arbeitsheft 2 zu *prima A* (KÖHLER et al. 2013: 67).

Übungen mit vier bis fünf gekennzeichneten Fremdwörtern erleichtern den Lernenden die erfolgreiche Lösungsfindung bei der Bedeutungserschließung mit Hilfe des lateinischen Ursprungswortes. Günstig für unsere Zielgruppe ist in diesem Sinne folgende Übung: „Von welchen lateinischen Wörtern kannst du die kursiv gesetzten Wörter im folgenden Text ableiten?", da hier ein Kontext geboten ist, beispielsweise in *Campus C1* (UTZ et al. 2008: 17) sowie in *Felix-neu* (UTZ/KAMMERER 2008: 59). Anspruchsvoller ist die Aufforderung, in einem deutschen Text ohne Kennzeichnungen die Wörter lateinischen Ursprungs zu benennen, so in *Campus C1* (UTZ et al. 2008: 113) oder auch unter „Latein lebt" in *prima A* (UTZ [4]2010: 123).

Eine methodische Variante in diesem Sinne ist die Angabe von drei oder vier verschiedenen deutschen Erläuterungen zu einem deutschen Fremdwort, unter denen der Lernende die korrekte auswählt, so beim durchgängigen Übungstyp „Wirst du Millionär?" in *Intra I* und *II* sowie bei einem ähnlichen Typus punktuell in *Lumina nova* (MOSEBACH-KAUFMANN et al. 2010: 150). Durch eine passende

Kontextualisierung

und möglichst motivierende Überschrift kann die Bearbeitung einer solchen Übung zusätzlich vorentlastet werden. Jedoch könnten bei diesem Format mit Quizcharakter gerade die zu verwerfenden, oft unterhaltsamen Varianten den DaZ-Lernenden Verständnisprobleme bereiten, sie überfordern und sogar demotivieren.

Brücken zur Grammatik

Von den Fremdwörtern lateinischen Ursprungs lassen sich auch Brücken zur Grammatik schlagen. So kann die Behandlung der Gruppe der unregelmäßig gesteigerten Adjektive mit der Erläuterung von Ableitungen im Deutschen wie *Optimist, Pessimist, Bonität* verbunden werden, vgl. den Schülerband *Actio 2* (HOLTERMANN et al. 2006a: 73) oder auch „Fremdwörter erklären" in *prima.nova* (UTZ/KAMMERER 2011: 166). Eine solche Verknüpfung von Rechtschreibung und Grammatik fördert die Fähigkeit, sprachlich korrekte Texte zu verfassen, und dient nicht nur den Schülern ndH (vgl. RÖSCH ⁴2011: 76f.). Auch kann das Reflektieren über den Transfer lateinischer Komparative und Superlative vor populären Fehlern wie z.B. *der optimalste/minimalste/maximalste* bewahren (vgl. Arbeitsheft 2 zu *prima A*, KÖHLER et al. 2013: 32). Durch die bewusste Betrachtung des lateinischen Ursprungs wird der Blick für die korrekte Orthografie im Deutschen geschärft.[5] Eine mögliche Übungsform bilden Beispiele, bei denen das falsch Geschriebene im Deutschen zu korrigieren und mit dem lateinischen Herkunftswort zu begründen ist, so z.B. „Deutsche Rechtschreibung mit Latein" im Arbeitsheft *Actiones 2* (HOLTERMANN et al. 2008: 54).

Überbegriffe

b) Feldbezogene Wortschatzübungen: Die Vorgabe von Überbegriffen (Hyperonyme) wie beispielsweise Sachgebiete, unter denen deutsche Fremdwörter einzuordnen sind, kann deren mentale Einordnung und Speicherung erleichtern (vgl. AITCHISON 1997: 108). Auch die Zuordnung deutscher Wörter zu ihrem lateinischen Ursprung, etwa zu produktiven lateinischen Verben und deren Komposita, stellt ein brauchbares Ordnungsprinzip dar, z.B. zu *ferre* im Schülerband *Actio 2* (HOLTERMANN et al. 2006a: 94). Der Schwierigkeitsgrad einer solchen Übung kann durch die Anzahl von Distraktoren modifiziert werden, d.h. in diesem Falle durch deutsche Wörter, die sprachgeschichtlich nicht mit dem Lateinischen zusammenhängen, so unter der Rubrik

---

[5] Anders als beispielsweise im Italienischen oder Spanischen bleibt die Schreibweise lateinischer Konsonanten im Deutschen erhalten – bei der Orthografie kann Latein also oft als Brücke für DaZ-Lernende dienen, vgl. lat. *natio* → ital. *nazione*, span. *nación*, dt. *Nation*.

„Latein lebt" in *prima A* (Utz [4]2010: 166). Eine Variation dieses Aufgabentypus ist die Vorgabe von Vokabeln, zu denen die Lernenden das jeweils zugehörige Hyperonym benennen sollen (vgl. den durchgängigen Übungstypus „Wort-Rosette" in *Intra I* und *II*).Vergleichsweise anspruchsvoller ist es, wenn Lernende eigenständig zu Oberbegriffen wie *capere* und *facere* gehörige deutsche sowie englische Fremdwörter aktivieren sollen, vgl. *prima A* unter „Latein lebt" (Utz [4]2010: 56).

c) Spielerisch-kreative Wortschatzübungen: Es finden sich verschiedene Übungsformate für den spielerischen und kreativen Umgang mit dem lateinischen und auch deutschen Wortschatz. Das Malen oder das pantomimische Darstellen von Wörtern regen kaum zum Sprechen und Schreiben an. Die produktive Sprachkompetenz von DaZ-Lernenden kann hingegen bei Übungen gefördert werden, in denen Geschichten zu erzählen oder Texte aufzuschreiben sind. Dabei kann auch der lateinische Wortschatz trainiert werden, wenn bestimmte lateinische Vokabeln einzubeziehen sind. Das Übungsformat „Buchstabensalat", bei dem die Buchstaben eines lateinischen Wortes in die richtige Reihenfolge gebracht werden müssen, fokussiert die lateinische Orthografie und festigt die deutsche Bedeutung der ausgewählten Vokabeln.Wenig ertragreich für die Sprachproduktion ist die „Buchstabenschlange", die der Genauigkeit bei der Lesefertigkeit dient und ggf. die Vokabelkenntnisse überprüft. Ähnliches gilt für eine lateinische Variante von „Stadt, Land, Fluss" mit entsprechend angepassten Kategorien. Hier werden durch die Ordnungsprinzipien eher die Speicherung bzw. das Abrufen lateinischer Vokabeln trainiert.

4.5.2 Grammatik: Morphologie

a) Suffixe: Bisweilen haben die vorhandenen Übungen rein deskriptiven Charakter, indem sie deduktiv Regeln und einige Beispiele vorgeben: „Die lateinische Endung **-us** bzw. **-um** wurde im Italienischen oft zu *-o*. Nenne also zu den folgenden italienischen Wörtern die lateinischen: *amico, […], foro, monumento*" (*Felix-neu*, Utz/Kammerer 2010: 27). Wird seitens der Verfasser auf die von Lernenden oft leistbare induktive Erschließung der Funktion bestimmter Affixe verzichtet, ist zumindest die anschließende aktive Anwendung der Regeln zur Festigung unbedingt wünschenswert.

Die Transparenz der Bedeutung vieler lateinischer Substantivsuffixe geht wie bei deutschen Substantiven mit einem unveränderlichen Genus einher, z.B. lat. *-tor* immer maskulin, dt. *-ung* immer feminin. Diese Information ist insbesondere für Zweitsprachler aufschlussreich, da das Genus nichtabgeleiteter deutscher Substantive nicht immer eindeutig ablesbar ist. Übungen zur Bedeutungserschließung und zur selbstständigen Formenbildung sind passim in den Lehrwerken vorhanden; zu *-tor* vgl. *Arbeitsheft Intra II* (BLANK-SANGMEISTER et al. 2009: 47) bzw. Schülerband *Actio 1* (HOLTERMANN et al. 2006: 73).

Suffixe   Die folgende Übersicht bietet eine exemplarische Auswahl von lateinischen Suffixen, die aufgrund ihrer Häufigkeit für DaZ-Lernende relevant sind. Die Übersicht entstammt keinem Lateinlehrwerk, ließe sich aber nach Bedarf in dieser oder erweiterter Form im Unterricht einsetzen:

lateinisches Suffix	Bedeutung	deutsches Suffix
SUBSTANTIVE		
-tor/-trix (m/f)	handelnde Person	≈ oft: *-er/-erin* (m/f)
-io/-tio (f)	(Verlauf einer) Handlung	≈ oft: *-ung* (f)
-tudo/-tus/-tas/-ia/-itia (f)	Eigenschaft, Zustand	≈ oft: *-heit, -keit, -schaft* (f)
ADJEKTIVE		
-ilis/-bilis	Möglichkeit, Fähigkeit	≈ oft: *-lich, -bar, -haft*

Bei den Suffixen ist die Pluralbildung im Deutschen ein komplexes morphologisches Feld, da das Deutsche ebenso wie das Lateinische über mehrere Deklinationstypen verfügt (vgl. Kapitel 3.2). Die Kenntnis der lateinischen Genera und Deklinationen kann hier vor fehlerhaftem Sprachgebrauch bewahren, wie z.B. *das Visum – die Visa; das Virus – die Viren.*

Präfixe   b) Präfixe: Bei der Behandlung der zusammengesetzten Verben ist es für DaZ-Lernende wichtig zu wissen, dass diese Verben im Lateinischen immer untrennbar sind, während im Deutschen zwischen trennbaren und untrennbaren Verben unterschieden wird.

Artikelwörter   c) Artikelwörter: Das Fehlen bestimmter und unbestimmter Artikel unterscheidet das Lateinische vom Deutschen. In Lateinlehrwerken berücksichtigen Übungen zur Bewusstmachung dieses gravierenden sprachlichen Unterschieds oft auch Englisch; vgl. eine einfache Tabelle in *Campus C1* (UTZ et al. 2008: 16) mit der Singular- und

Pluralbildung im Nominativ sowie die Möglichkeit der induktiven Erarbeitung am Kontext in *Salvete – Neue Ausgabe* (ALTHOFF et al. 2007: 43). Die Artikellosigkeit der lateinischen Sprache wirkt sich zudem auf die Satzlänge aus und bedingt die meist deutlich geringere Wortanzahl in lateinischen als in deutschen sowie englischen Sätzen; zur Bewusstmachung dieses Phänomens vgl. *Actio 1* (HOLTERMANN et al. 2006: 16).[6] DaZ-Lernenden ist die Artikellosigkeit oft aus ihrer Muttersprache vertraut (vgl. Kapitel 3.2.3). Für sie stellen daher die Ergänzungen im Deutschen eine sprachliche und stilistische Herausforderung dar. Muttersprachler hingegen beherrschen zwar die korrekten Formen, haben aber durchaus stilistische Schwierigkeiten (die Übersetzung mit den adäquaten Artikeln und Possessiva wird geübt in *Via Mea*, PINKERNELL-KREIDT et al. 2011: 13).

So verzichtbar das Deklinieren deutscher Paradigmata im Lateinunterricht mit deutschen Muttersprachlern erscheint, so nützlich ist es für DaZ-Lernende (vgl. FENGLER 2000: 5). Nur sehr vereinzelt werden in den Lateinlehrwerken solche Übungen angeboten; vgl. z.B. für das Gerundium und Gerundivum „Verben deklinieren?" im *Arbeitsheft 2* zu *prima A* (KÖHLER 2013: 73). Sie lassen sich aber jederzeit und ggf. binnendifferenzierend in den Unterricht integrieren.

d) Adjektive: Die Deklination der attributiven Adjektive im Deutschen ist aus verschiedenen Gründen komplex. Wie bei den Substantiven gibt es drei Genera. Adjektivattribute richten sich in Kasus, Numerus und Genus nach dem Bezugswort, hierin stimmen Deutsch und Latein überein. Die Deklination des attributiven Adjektivs im Deutschen ist jedoch variabel, denn sie richtet sich nach dem vorausgehenden Artikelwort. Dieses Abhängigkeitsverhältnis bringt drei Paradigmata mit sich, je nachdem, ob der bestimmte, der unbestimmte oder kein Artikel verwendet wird. Einen Einblick in diese Thematik gibt beispielsweise eine Übung, bei der *die gute Freundin* im Nominativ und Akkusativ Singular und Plural im Deutschen, Lateinischen und Englischen zu deklinieren ist; vgl. hierzu *Lumina nova* (MOSEBACH-KAUFMANN et al. 2010: 19).[7]

Adjektive

---

[6] Auch der seltenere Gebrauch von Possessiva, die bei einer guten Übersetzung im Deutschen je nach Kontext zu ergänzen sind, führt zur vergleichsweisen Länge einer deutschen Übersetzung.

[7] Hier könnte sich für DaZ-Lernende die Kontrastierung mit dem Englischen als problematisch erweisen, da am Substantiv *friend* anders als im Lateinischen und Deutschen das Genus nicht eindeutig erkennbar ist. Insofern wäre je nach Lerngruppe ein anderes Beispiel ratsam oder auch der Verzicht auf den Vergleich mit Englisch.

4.5.3 Grammatik: Syntax

Wortstellung

a) Wortstellung: Für das erfolgreiche Übersetzen müssen DaZ-Lernende die Regeln der Wortstellung in allen Satzarten kennen. Das Lateinische unterscheidet sich vom Deutschen durch seine freiere Reihenfolge der Satzglieder. Im deutschen Hauptsatz gilt die Regel Subjekt – Prädikat – Objekt (SPO), was Lernende sich durch Sprachvergleich problemlos bewusst machen können, wenn wie in *Salvete Neu* (ALTHOFF et al. 2007: 43) durch eine Umstellprobe festgestellt werden soll, in welchen der Sprachen Englisch, Deutsch und Latein die Regel SPO gilt.[8] Jedoch sollte man nicht den Eindruck vermitteln, dass im Lateinischen das Prädikat stets am Ende zu finden ist. Die in dieser Hinsicht normierten lateinischen Lehrbuchtexte verleiten dazu, obwohl die sprachliche Realität des Lateinischen erheblich vielfältiger ist (vgl. Kapitel 3.4).

Präpositionen

b) Präpositionen: Ein wichtiges und früh begegnendes Phänomen beim Erlernen der lateinischen sowie der deutschen Sprache sind die Präpositionen. Für das Anfertigen sprachlich korrekter deutscher Übersetzungen müssen Schülern ndH bei diesen wichtigen Strukturwörtern die Übereinstimmungen und die Unterschiede bewusst sein. Dies gilt für die Wechselpräpositionen im Deutschen und Lateinischen (vgl. Kapitel 3.2.6). Besonders anschaulich sind in diesem Zusammenhang Verbpaare zur unterschiedlichen Angabe von Richtung und Ort, wie *stellen/stehen, legen/liegen, (sich) setzen/sitzen*. Hier handelt es sich jeweils um eine Kombination aus einem transitiven und in seiner Konjugation schwachen Verb sowie einem intransitiven, starken Verb (vgl. HALL/SCHEINER 2001: 24 f.). Diesen Paaren ist gemeinsam, dass das transitive Verb auf die Frage *wohin?*, das intransitive auf die Frage *wo?* antwortet; in der DaZ-Grammatik wird diese Unterscheidung auch Direktiv- bzw. Situativergänzung genannt. Im Deutschen ist kontextabhängig nur eins der beiden Verben korrekt, je nachdem, ob es sich um eine Tätigkeit oder einen Zustand handelt. Der Lateinunterricht kann zur Bewusstmachung dieser Regelhaftig-

---

[8] Bei der Reihenfolge der Satzglieder im Deutschen ist die Position des Prädikats kategorienbildend, man spricht von Erst-, Zweit- und Letztstellung (vgl. HELBIG/BUSCHA 2002: 482 ff.). Der deutsche Hauptsatz ist gekennzeichnet durch die Verb-Zweitstellung (abgekürzt meist mit SPO statt SVO), der konjunktionale Nebensatz sowie der Relativsatz durch Verb-Letztstellung (SOP). In einfachen deutschen Satz- und auch Doppelfragen steht das finite Verb an erster Stelle (PSO), in den Wortfragen ist dieser Reihenfolge noch das Interrogativpronomen vorangestellt.

keit mit folgender Übung beitragen: „Achte auf den Kasus nach den Präpositionen in folgenden deutschen Sätzen. Was fällt dir auf? ‚[…] Der Sklave stellt Oliven auf den Tisch. Die Oliven stehen auf dem Tisch. […]' Vergleiche nun mit dem Lateinischen" (*prima.nova*, UTZ/ KAMMERER 2011: 35). Auch für die Kontrastierung von Richtungs- und Ortsangabe im Lateinischen finden sich vereinzelt Beispiele: *Cornelia in basilicam properat. Marcus in basilica stat et forum spectat.* (*prima A*, UTZ [4]2010: 30)

c) Tempusgebrauch: Ein komplexeres und für die Übersetzungs- sowie Sprachkompetenz zentrales Thema ist die Verwendung der Vergangenheitstempora (vgl. Kapitel 3.3.3). Die Funktionen des latei- nischen Imperfekts und Perfekts stimmen nicht mit dem deutschen Präteritum und Perfekt überein (zu Tempusbildung und -gebrauch im Lateinischen und Deutschen vgl. KLIMEK-WINTER 2003: 68 ff.), ganz zu schweigen vom Englischen, das auch Verlaufsformen aller Tempora kennt; vgl. die Anregung zum Sprachenvergleich in *prima A* (UTZ [4]2010: 102). Bei diesen Tempora scheint es ratsam, sich ins- besondere mit DaZ-Lernenden anfänglich auf den Vergleich von Deutsch und Latein zu beschränken, wofür in den Lehrwerken viel- fältige Möglichkeiten geboten werden, so in *Via Mea* (PINKERNELL- KREIDT et al. 2011: 47) und *Lumina nova* (MOSEBACH-KAUFMANN et al. 2010: 73). Gleichzeitig zeigen empirische Untersuchungen, dass diese reduzierte Form des Tempusvergleichs von Schülern ndH problemlos erarbeitet werden kann und dass darüber hinaus signifikante Fort- schritte in der Zweitsprachkompetenz festgestellt werden können (vgl. Kapitel 2.3.1). Bei Dialogen hingegen wird das lateinische Per- fekt auch im Deutschen mit dem Perfekt wiedergegeben; eine Aus- nahme bilden die Verben *haben* und *sein*. Neben der Verwendung bereiten häufig auch die Formen der unregelmäßig konjugierten Verben den DaZ-Lernenden Schwierigkeiten (vgl. RÖSCH [4]2011: 106). Auch in diesem Bereich bieten die lateinischen Unterrichts- werke durch die starke Rolle dialogischer Partien zahlreiche An- knüpfungsmöglichkeiten.

d) Konjunktiv: Ebenso benötigen DaZ-Lernende Zeit, um die korrekte Verwendung von Passiv und Konjunktiv zu erlernen (vgl. RÖSCH [4]2011: 106). In den Lehrwerken finden sich vergleichsweise mehr Übungen zum Konjunktiv und seinen Funktionen. Für das Übersetzen ist es notwendig zu wissen, wie dieser Modus im Deut- schen ausgedrückt wird. Dafür kommen bekanntlich viele sprach- liche Möglichkeiten in Frage: deutsche Konjunktivformen, Hilfsver-

Tempus- gebrauch

ben wie *dürfen, können, sollen, werden,* aber auch die Verben *lassen* und *wollen*, außerdem das Adverb *hoffentlich* und die Konjunktion *wenn doch.* Nebensätze, die einen Wunsch, ein Ziel oder eine Folge ausdrücken, erfordern im Lateinischen den Konjunktiv, im Deutschen jedoch nicht. Auch für die Wiedergabe des Konjunktivs im lateinischen Hauptsatz, der u.a. adhortativen, deliberativen oder optativen Charakter haben kann, kommt man im Deutschen – vom Wunsch abgesehen – ohne Konjunktivformen aus.

„Wunsch, Ziel oder Folge? Bestimme den semantischen Gehalt folgender deutscher Sätze: Ich will, dass alle mich hören. Ich sprach so laut, dass alle mich hörten. Ich gebe mir Mühe, damit alle mich hören. Ich hoffe, dass ihr gesund nach Hause kommt. Er beugte sich vor, um besser sehen zu können." (*Lumina nova*, Mosebach-Kaufmann et al. 2010: 115). Bei dieser Übung handelt es sich zwar um Einzelsätze. Dennoch kann diese Art des Zugangs über die Umgebungssprache gerade für DaZ-Lernende günstig sein, insbesondere da im Anschluss an die Sprachreflexion zu weiteren Vergleichen angeregt wird, einschließlich solchen mit den Herkunftssprachen: „Wie drückst du Wünsche, Überlegungen und Aufforderungen in anderen Sprachen aus? Übersetze ins Englische! a) eamus b) Quid faciamus? c) Utinam felix sit!" (*Lumina nova*, Mosebach-Kaumann et al. 2010: 115) Die Kontrastierung mit Englisch und zusätzlich englische Sprachproduktion sollten von DaZ-Lernenden vielleicht erst dann und ggf. nur binnendifferenziert gefordert werden, wenn die verschiedenen Sinnrichtungen sowie die Formen im Lateinischen und Deutschen hinreichend geklärt sind. Auch anderen lateinischen Konjunktivfunktionen kann man sich über das Deutsche nähern: „Überlege, welche Möglichkeiten es im Deutschen gibt, Gebote bzw. Verbote auszudrücken, und wie verpflichtend sie jeweils sind." (*Lumina nova*, Mosebach-Kaufmann et al. 2010: 163) Hier dürfte ein gemeinschaftliches Brainstorming von Muttersprachlern und DaZ-Lernenden zu guten Ergebnissen führen.

Indirekte Rede   Der Konjunktiv ist im Lateinischen sowie im Deutschen relevant für die indirekte Rede: *Die Kanzlerin sagte, sie war/sie sei/sie ist überrascht gewesen, als …* Die im Lehrbuch *Lumina nova* geäußerte Leitfrage „Was ist gutes Deutsch – und warum?" zielt auf die Förderung des Sprachbewusstseins und die Erweiterung des Ausdrucksvermögens. Auch nicht alle Lateinlernenden mit Deutsch als Muttersprache werden diese korrekt beantworten können – eine Erkenntnis, die die DaZ-Lernenden ermutigen sollte (vgl. *Lumina nova*, Mosebach-Kaufmann et al. 2010: 175). Weitere Zugänge zum Konjunktiv in einem deutschen Kontext, der reelle sprachliche Beispiele bietet, sowie Erläuterungen zur Grammatik finden sich in *Actio*: zum Deliberativ und Adhortativ vgl. *Actio 2* (HOLTERMANN et al. 2007: 11); zur indirekten Rede vgl. *Actio 2* (HOLTERMANN et al. 2006: 161). Andernorts wird zur Kontrastierung des Konjunktivs im lateinischen Hauptsatz mit dem Deutschen unter selbstständiger Zuhilfenahme einer Deutschgrammatik aufgefordert; vgl. hierzu *prima.nova* (UTZ / KAMMERER 2011: 220).

e) Beiordnungen: Es gibt im Lateinischen und Deutschen unterschiedliche Möglichkeiten, Sätze und Satzteile beizuordnen. Im Lateinischen ist eine asyndetische Reihung möglich sowie die Verbindungen mit *-que* und *et*. Dies fokussiert eine induktive Übung: „Übersetze die folgenden Sätze ins Deutsche. Welche Unterschiede fallen dir bei der Verbindung von Sätzen und Satzteilen auf? Pueri equos pulchros clarosque vident. Medicus venit, equum spectat, clamat: Venenum! Lucius multos et pulchros equos spectat." (*Via Mea*, PINKERNELL-KREIDT et al. 2011: 29) Außer der Verwendung der genannten kleinen Wörter können an diesen drei Sätzen auch die Positionsmöglichkeiten des lateinischen Adjektivattributs thematisiert werden.

Beiordnungen

4.6 Originallektüre als Verbindung von sprachlichem und literarischem Lernen

4.6.1 Grundsätzliche Überlegungen

In der DaZ-Forschung wird darauf hingewiesen, dass Schüler ndH beim Umgang mit Literatur vor spezifische Probleme gestellt werden: Neben den üblichen Stolpersteinen „stellt die Literatursprache durch den Schülern nicht geläufige (altertümliche, kulturell spezifisch geprägte, metaphorische oder auf den Schüler ferne Lebensbereiche verweisende) Wörter und Sprachmittel besondere Anforderungen an die Sprachkompetenz. Hier gilt es Semantisierungsverfahren (wie Wortschließungsverfahren, kontextuelles Erschließen, die Nutzung des inhaltlichen und sprachlichen Vorwissens, Paraphrasieren oder auch Übersetzung) gezielt zu vermitteln und einzuschleifen." (RÖSCH [2]2010: 230) Zugleich müssen die Schüler nicht nur befähigt werden, „sprachliche Verdichtung und Verfremdung in literarischen Texten" zu erkennen, sondern auch zu entschlüsseln und zu versprachlichen. „Hierzu ist es wichtig, dass die Schüler/innen lernen, Irritationen zu

Stolpersteine der Literatursprache

artikulieren, Vermutungen zu äußern oder selbst Fragen zu stellen" (RÖSCH ²2010: 230) und dass sie intensiv für sprachliche Variation, Modifikation, Ergänzung und Veränderung sensibilisiert und zu einem entsprechenden sprachlichen Umgang ermutigt werden (vgl. RÖSCH ²2010: 230). Grundsätzlich gilt festzuhalten, dass die Entwicklung der Zweitsprachkompetenz auch im Literaturunterricht ihren legitimen Platz hat: „Da Literatur Sprache ist …, eignet sich jede Literatur zum sprachlichen Lernen." (RÖSCH 2011a: 115)

Spezifische Problemfelder
In diesem Zusammenhang lassen sich verschiedene sprachliche Probleme ausmachen:[9]

- Textverständnis: Die Schüler haben Schwierigkeiten, die Hauptaussagen eines Textes zu formulieren. Sie verstehen nicht den Unterton eines Textes, erkennen weder ironische noch anderweitig wertende Wortwahl.
- Grammatische Fehler: Es ist eine übergeneralisierte Nutzung des unpersönlichen *es* feststellbar: *Man kann sagen, dass es eine Ungewissheit im Rat des Richters steckt.*
- Die Deklination der neutralen Substantive wird fehlerhaft verwendet: *Antigone, die den Verbot des Königs brach und ihren Bruder begrub.*
- Bei mehreren Subjekten kommt es zur Vernachlässigung der notwendigen Kongruenz zum Prädikat: *Durch seine Sturheit stirbt Antigone, Haimon und Eurydike.*
- Präpositionen werden nicht korrekt verwendet: *Er ist dickköpfig und beharrt an seiner Meinung, Antigone zu Tode zu verurteilen.*
- Es kommt zu Flexionsfehlern bei Pronomen und dem unbestimmten Artikel, besonders im Akkusativ: *Er hat kein Kontakt mehr mit sein Freund.*
- Bei der indirekten Rede wird der Konjunktiv nicht gebildet, wodurch die Differenzierung von eigenen und fremden Aussagen schwerfällt. Es bestehen Schwierigkeiten bei der Bildung des Konjunktivs II.
- Kommasetzung und Interpunktion: Satzglieder werden fehlerhaft abgetrennt: *Sein Charakter, reicht meiner Meinung nach nicht aus, um ein gerechter König zu sein.*

---

[9] Diese Gesichtspunkte verdanken die Autoren einer Untersuchung von Herrn STEFAN PAFFRATH (Berlin).

- Ausdruck: Umgangssprachliche Formulierungen kommen zur Anwendung: *selber = selbst, rum = herum (rumlaufen); runter = herunter
(herunternehmen, herunterlaufen …)*. Autoren werden unpassend bezeichnet: *Der Herr Cicero hat dazu gesagt …*

Es wird deutlich, dass viele Merkmale der sprachlichen Register der
mündlichen Alltagskommunikation auch in schriftsprachlichen Schüler-
produktionen wiederzufinden sind. Offenbar gelingt es in diesem
ersten Stadium der Entwicklung lernersprachlicher Literalität noch
nicht, die Register zu unterscheiden und an die jeweilige Sprachsituation anzupassen. Das könnte auf den geringen Kontakt mit fach-
sprachlich elaborierten oder literarischen Texten zurückzuführen
sein, deren Register deutliche Unterschiede zum mündlichen Sprachgebrauch zeigen und somit zunächst sowohl in Rezeption, insbesondere aber in der Produktion fremd wirken (vgl. RÖSCH ⁴2011: 21).
Daher empfiehlt sich eine explizite Vermittlung dieser schriftsprachlichen Register unterschiedlicher Textarten, „damit die Schüler/innen
die Chance haben, verschiedene Register kennenzulernen und sich
für die richtige Wahl eines Registers in Abhängigkeit von der Situation
zu sensibilisieren." (RÖSCH ⁴2011: 21)

Passung der
Sprach-
register?

    Unter diesen Voraussetzungen steht es außer Frage, dass lateinische
Originallektüre mit Schülern ndH besonders sorgfältig vorbereitet
und durchgeführt werden muss, zumal sich (im Vergleich zum deutschen Literaturunterricht) die Problemlagen noch komplexer darstellen:
So ist nicht nur (wie bei allen anderen Schülern auch) die sprachliche
und kulturelle Alterität der lateinischen literarischen Texte als Ver-
ständnishürde in Rechnung zu stellen; zusätzlich sind Übersetzung
und Interpretation besondere Herausforderungen, da sie als Zielleistung
jeweils in ein hochsprachliches Register der Zweitsprache münden
sollen, die den Schülern ndH und ihrer Alltagssprache ebenfalls fern-
stehen. Sollen die hinlänglich bekannten Schwierigkeiten, die bereits
den Lektüreerfolg von Muttersprachlern in Frage stellen (vgl. KIPF
2005: 61 ff.), für Zweitsprachenlernende nicht vollends zu einer un-
überwindlichen Hürde werden, dann sollten verschiedene didaktische Grundsätze beachtet werden, die im Rahmen des Lateinunterrichts freilich nicht neu sind, aber in diesem Kontext eine besondere
Bedeutung erhalten. Dabei muss jedoch völlig klar sein, dass auch
Schüler ndH mit den Originalen der lateinischen Literatur aus Antike, Mittelalter und Neuzeit bekannt gemacht werden müssen, wenn
der Lateinunterricht dieser Schülergruppe gegenüber seine Bildungs-
ziele erreichen soll. Spezifische Probleme in der Zweitsprache dürfen

Probleme der
lateinischen
Lektüre

keinen Vorwand bieten, diesen Schülern lateinische Originallektüre vorzuenthalten, sondern es bedarf spezifischer unterrichtlicher Maßnahmen, um den Lektüreerfolg sicherzustellen.

Mikroskopisches Lesen

1. Grundsätzlich darf man davon ausgehen, dass auch der lateinische Lektüreunterricht in der Oberstufe über ein großes Potenzial zur Sprachförderung verfügt, und zwar insbesondere durch das „mikroskopische Lesen", d.h. das genaue Übersetzen aus der Fremd- in die Zweitsprache. Diese Form der Lektüre wird mit vollem Recht als ein Charakteristikum des altsprachlichen Unterrichts, als seine „spezifische Form hermeneutischer Wahrnehmung" (WESTPHALEN 1992: 57) bezeichnet. Berechtigterweise wird immer wieder darauf hingewiesen, dass diese Form der Textarbeit „das Beobachten und Beachten der sprachlichen Details, [...] der Strukturen des Satzes und des gesamten Aufbaus des Textes" fördert (MAIER 1984: 91). Dabei ist in diesem Zusammenhang besonders evident, dass das Übersetzen keinesfalls nur als rezeptiv, sondern vor allem als ein Prozess zu verstehen ist, der auf aktive, konzeptionell schriftliche Textproduktion in der Zweitsprache abzielt und zwei Seiten eines einheitlichen Kommunikationszusammenhangs bezeichnet (vgl. FELD-KNAPP 2005: 30 ff.): Textarbeit im Prozess der Rezeption bedeutet, dass der Text die Grundlage für den Rezipienten bildet, um im Verlauf des Textverstehens den Textsinn zu erfassen und eine kohärente Wissensstruktur aufzubauen.

Übersetzen als Sprachtraining

Da im Lateinunterricht unterschiedlichste Themen und Textsorten behandelt werden und Übersetzungen beziehungsweise Interpretations- oder Erörterungsaufgaben differenzierter sprachlicher Muster bedürfen, kann der Lektüreunterricht den Zweitspracherwerb weitgefächert und intensiv vorantreiben (vgl. RÖSCH [4]2011: 69). Doch nicht nur die Rezeption originaler Lektüre verfügt über sprachförderndes Potenzial; im Hinblick auf die Produktion muss eine mental repräsentierte Wissensstruktur mündlich oder schriftlich externalisiert werden. Das mikroskopische Übersetzen lateinischer Originaltexte stellt daher gerade für Zweitsprachler eine kognitiv anspruchsvolle Tätigkeit dar und darf insbesondere für diese Schülergruppe als ein „hochdifferenziertes Sprachtraining" eingestuft werden (WESTPHALEN 1992: 58). Es leuchtet ein, dass die Beschäftigung mit komplexen lateinischen Originaltexten zu einer kreativen Auseinandersetzung mit der Zielsprache Deutsch führen kann, wenn unterschiedliche Ausdrucksweisen und sprachliche Register reflektiert, geeignete deutsche Wörter und Ausdrücke gesucht, kritisch geprüft, ausgewählt und aktiv ins Deutsche umgesetzt werden müssen. Angesichts der komplexen

Ausgangslage ist dies jedoch nicht selbstverständlich: So kann man immer wieder bei DaZ-Lernenden im Lateinunterricht beobachten, dass es ihnen i.d.R. recht schwerfällt, sich von der Struktur des Ausgangstextes zu lösen, da sie auch in der Zielsprache unsicher sind und sich auf eine vermeintlich sichere, jedoch nicht zielsprachenorientierte Wort-für-Wort-Übersetzung beschränken.

2. Die Vorbereitung bzw. die Hinführung zur Originallektüre bedarf besonderer Sorgfalt, um nicht nur einen Einstieg in diese zu ermöglichen, sondern vor allem auch die sprachliche Distanz zwischen den verschiedenen Registern abzumildern und sprachbildend wirken zu können. So kommt einer systematisch geplanten Übergangslektüre besondere Bedeutung zu, um durch eine entsprechende Lektüreauswahl eine optimale Passung zwischen Leser und Text zu ermöglichen. Der Lehrbuchmarkt bietet zwar für diese Übergangsphase eine Fülle von Möglichkeiten, die jedoch nicht auf die spezifischen Bedürfnisse von Zweitsprachenlernenden eingestellt sind. Zielt die Übergangslektüre nach herkömmlicher Auffassung auf ein erhöhtes Lesetempo, die Gewöhnung an längere Textpassagen, die Förderung inhaltsbezogener Lesetechniken und gleichzeitige Wiederholung der Morphosyntax (vgl. NICKEL 2001: 291), so dürfte es in unserem Zusammenhang darauf ankommen, die Texte so zu gestalten, dass im Rahmen der Lektüre stets eine steigende Progression der Register ermöglicht wird. Durch gezielte Adaptierungen der lateinischen Texte sollten zunächst ungewöhnliche lateinische Formulierungen so „normalisiert" werden, dass die sich daraus ergebende deutsche Übersetzung auf einem entsprechenden Register basiert. Im Laufe der Lektüre sollten die Ansprüche im Lateinischen und damit auch in der Zweitsprache Deutsch gesteigert werden. Auf diese Weise könnte es zu einer neuartigen Verwendung adaptierter Texte kommen, deren Zielsetzung im Bereich der altsprachlichen Didaktik (vgl. KÜHNE und WÖLKE 1999: 118–121) ja bisher durchaus nicht unumstritten ist. Im Bereich von Deutsch als Zweitsprache wird hingegen der Einsatz von bearbeiteten, d.h. in der Regel verkürzten bzw. vereinfachten Texten durchaus befürwortet, um Schülern ndH einen Einstieg in literarisches Lesen zu ermöglichen (RÖSCH 2011a: 115 f.). Schließlich ist bei der Aufbereitung lateinischer Texte darauf zu achten, dass elementare Grundsätze der DaZ-Didaktik Beachtung finden: So sollten bei den Vokabelangaben im Deutschen immer auch die Artikel (bestimmt und unbestimmt) angegeben werden, damit die DaZ-Lernenden für den korrekten Artikelgebrauch sowie die deutschen Genera sensibilisiert werden.

Vorentlastung

Adaptierte Texte

Sprach-
vergleich

3. Wie im lateinischen Sprachunterricht (vgl. Kapitel 4.3) sollte auch in der Lektürephase einem sprachvergleichenden Arbeiten mehr Raum gegeben werden, als es ansonsten üblich ist. Hierzu zählt nicht nur der Einsatz von bilingual gestalteten Passagen, in denen dann der lateinische Text mit seiner deutschen Übersetzung unter bestimmten sprachförderlichen Aspekten (z.B. unterschiedliche Wortstellung im Lateinischen und Deutschen, Vergleich syntaktischer Phänomene) verglichen werden kann. Die unterschiedliche Verwendung der Tempora im Lateinischen und Deutschen kann ebenfalls durch eine Analyse des Tempusreliefs im Sinne der kontrastiven Sprachbetrachtung und zielsprachenorientierten Übersetzung, nicht zuletzt aber im Sinne der Interpretation, sinnstiftend herangezogen werden. Besonders lohnend scheint außerdem der Vergleich von Übersetzungen, um ihre unterschiedlichen sprachlichen Ausprägungen zu thematisieren und zu reflektieren, wenn beispielsweise im Rahmen der Lektüre eines Gedichtes eine metrische mit einer Prosaübersetzung verglichen wird. Zudem bieten sich zahlreiche Möglichkeiten zur aktiven Textproduktion: Die Schüler können den Versuch unternehmen, lateinische Texte mittels unterschiedlicher Registernutzung wiederzugeben, wodurch zugleich aktive Wortschatzarbeit im Deutschen betrieben wird. Diese Elemente können durch kreative Schreibaufgaben im Deutschen ergänzt werden. So bietet sich die Erstellung von sog. *Paralleltexten* an, „bei denen die Lernenden eine Szene oder den ganzen Text in eine andere Zeit, eine andere Region oder auch eine andere Sprache

Echotexte und
literarische
Gespräche

übertragen" (RÖSCH 2011a: 118), sowie von sog. *Echotexten*, „bei denen die Lernenden einer Figur, einer Szene oder einem Gedanken ein Echo zuwerfen und z.B. eine Aussage kommentieren, um das Gelesene zu spiegeln oder auch zu kommentieren. Dies kann innerhalb der Textsorte der Vorlage oder aber durch einen Textsortenwechsel erfolgen." (RÖSCH 2011a: 119) Ebenso bietet es sich für die Interpretation lateinischer Texte an, sog. *Literarische Gespräche* führen zu lassen: Nach einer Blitzlichtrunde mit einer vorläufigen Textbewertung erfolgt eine ausführlichere Diskussion, wobei die Lehrkraft sich auf eine Moderatorenrolle beschränkt. Die Schüler „sollen Fragestellungen entwickeln, die ihnen selbst als Herausforderung bzw. als Problem erscheinen. Die Entfaltung von Textbezügen findet in Form von Realitätsbezügen, subjektiven Erfahrungen etc. statt. Es geht zunächst nicht um eine Interpretation, sondern um die Entfaltung des Textsinns im gemeinsamen Gesprächsprozess und die Ausbildung eines interpretierenden Blicks im Sinne des hermeneutischen Zirkels."

(Rösch 2011a: 119) In einer dritten Phase erfolgt dann eine begriffliche Bündelung, am Schluss steht ein Resümee. Hierfür können Materialien mit Redemitteln zur Verfügung gestellt werden, um die oben skizzierten sprachlichen Schwächen abzubauen (vgl. Rösch 2011a: 119). Es erscheint einleuchtend, dass die hier skizzierten Verfahren aus der DaZ-Didaktik, angepasst an die jeweilige Lektüreerfahrung der Schüler, sinnvoll in den lateinischen Lektüreunterricht integriert werden können.

4. Unter diesen komplexen Voraussetzungen leuchtet es unmittelbar ein, dass Schüler ndH im Lateinunterricht in besonderer Weise auf den Erwerb von Texterschließungskompetenz angewiesen sind, zumal ja auch im Bereich der DaZ-Didaktik der methodisch abgesicherten Dekodierung deutscher Texte große Aufmerksamkeit gewidmet wird, z.B. beim sog. *Textknacker*[10] (vgl. Rösch [2]2010: 231 f.) oder dem sog. *REGULESE-Verfahren*[11] (vgl. Rösch 2011a: 122 ff.). Diese für den Lateinunterricht typische Texterschließungskompetenz „muss im Rahmen eines langwierigen Wissenserwerbs bereits in der Spracherwerbsphase in einem gestuften Prozess erworben werden, ist stets anwendungsorientiert ausgerichtet und bedarf auch auf Schülerseite einer nicht unerheblichen Fähigkeit zum reflektierten Handeln" (Kipf 2012: 71). Dabei ist es evident, dass die dabei relevanten Methoden im Sinne der Metakognition im Unterricht explizit thematisiert werden müssen, sodass die Schüler den Sinn der behandelten Metho-

Text-
erschließung

---

[10] Der *Textknacker* bietet ein siebenstufiges Dekodierungsverfahren: „1. Lies den Titel oder den ersten Abschnitt. […] 2. Lies den Text in kleinen Portionen und halte fest, was du verstanden hast. Wenn dir das schwerfällt, beseitige die Stolpersteine. […] 3. Greife merkwürdige Stellen auf und denke darüber nach. […] 4. Formuliere eine Aussage über das Gelesene! […] 5. Greife etwas Besonderes heraus und verfolge es im Text! […] 6. Ordne den Text ein! […] 7. Formuliere eine Aussage über den Text!" (Rösch [2]2010: 232).

[11] Bei diesem Verfahren wird vor der Lektüre „die Aufgabenstellung gesichert, das persönliche Ziel, der Weg zur Erreichung und die Wahl der Methode werden geklärt. Während der Lektüre kommen sieben ‚Detektivmethoden' zum Einsatz: 1. Überschrift beachten, 2. bildlich vorstellen, 3. Umgang mit Textschwierigkeiten, 4. Verstehen überprüfen, 5. Wichtiges unterstreichen, 6. Zusammenfassen, 7. Behalten überprüfen. Nach der Lektüre wird überprüft, ob die persönlichen Ziele erreicht wurden, welche Gründe den Erfolg/Misserfolg bedingt haben und was beim nächsten Mal besser gemacht werden kann." (Rösch 2011a: 122)

den erkennen – „sie müssen wissen, was sie tun!" (Kipf 2012: 72) Gilt dieser Grundsatz schon für Muttersprachler, so erhält er im Zusammenhang des Lateinunterrichts mit Zweitsprachlern eine noch grundsätzlichere Bedeutung.

Scaffolding

Die Entwicklung dieser für den altsprachlichen Unterricht typischen Methodenkompetenz kann im Sinne der DaZ-Didaktik als eine spezielle Form des sog. *Scaffolding* verstanden werden (vgl. Kniffka/Siebert-Ott ²2010: 108 ff. und Kapitel 1.5). Scaffolding soll den DaZ-Lernenden eine schrittweise Erschließung höherer Sprachregister ermöglichen und sie somit sprachlich weder unter- noch überfordern. Der „Gerüstbau", wie Scaffolding landläufig übersetzt wird, wird i.d.R. so umgesetzt, dass Inhalte des Unterrichts zunächst in der Alltagssprache der Lernenden kommuniziert werden (z.B. in Kleingruppenarbeit); anschließend werden im Plenum oder durch Recherche Fachbegriffe und typische Textbausteine eingeführt und schließlich in einem fachsprachlichen Text festgehalten. Im Lateinunterricht bilden nun die schrittweise entwickelten Fähigkeiten zur Texterschließung ein wichtiges Gerüst, das den Schülern ermöglicht, lateinische Literatur methodengeleitet zu dekodieren und im zweiten Schritt ins Deutsche zu rekodieren, und sie dazu befähigt, sich darüber mündlich und schriftlich Rechenschaft zu geben. Im Sinne der DaZ-Didaktik können die Lernenden somit auch im Lateinunterricht zu einer aktiven Leserrolle finden.

Vorerschließung

Wie kann ein methodisch abgesichertes Texterschließungsverfahren gestaltet werden, das einerseits auf vorhandene Methoden zurückgreift, andererseits gezielt zur Entwicklung der Zweitsprachkompetenz beiträgt? Vor der eigentlichen Dekodierung kann man gezielt schon hinlänglich bekannte Elemente der transphrastischen Textvorerschließung zur Anwendung bringen, die in ihrem übergreifenden Ansatz Gemeinsamkeiten zu in der DaZ-Didaktik beschriebenen Dekodierungsmethoden aufweist. Hier kann man an die Nutzung eines einleitenden deutschen Vorspanns denken, an ein illustrierendes Bild, an die Betrachtung der Überschrift oder an die Anknüpfung an das Vorwissen der Schüler (vgl. Kuhlmann 2009: 126–130, Keip/Doepner 2010: 99–102). Zusätzlich können anerkannt sprachfördernde Aufgabenformate in dieser Phase der Lektüre einbezogen werden: Brainstorming zum Titel des Textes und schriftliches Formulieren der eigenen Erwartungshaltung, Abfassen einer Bildbeschreibung, Informationssammlung über den Autor und den situativen Zusammenhang, z.B. in Form von Referaten, Lexikonarbeit,

Internetrecherche oder Sammlung charakteristischer Merkmale der Textgattung.

In der eigentlichen Phase der Dekodierung können ebenfalls gängige Methoden (z.B. Transphrastik, lineares Dekodieren) so eingesetzt werden, dass sich neben der methodischen Schulung gezielt sprachförderliche Effekte erzielen lassen. Werden z.B. Betrachtungen zur Rekurrenz sprachlicher Zeichen angestellt, kann man Schwerpunkte setzen, um spezifische sprachliche Schwächen in Angriff zu nehmen, etwa die Verwendung von Pronomina: Welche Pronomina weisen auf die entsprechenden Personen, Orte und Gegenstände hin? In welcher Konstellation stehen sie zueinander? Die Differenzierung von in Texten enthaltenen Sach- und Wortfeldern kann zur Vertiefung der lexikalischen Fähigkeiten beitragen. Im Rahmen des linearen Dekodierens werden die Schüler gezielt für die Verwendung von Konnektoren sensibilisiert: Wie und mit welchen Mitteln werden die Sätze verbunden? Welche Partikeln, Subordinatoren und Pronominaladverbien kann man finden? Welche Gliedsätze werden verwendet? Diese methodischen Elemente entfalten eine sprachförderliche Wirkung, wenn sie mit Arbeitsphasen gekoppelt werden, in denen konzeptionelle Schriftlichkeit durch entsprechende Textproduktion (z.B. durch schriftliche Zusammenstellung von Sach- und Wortfeldern) gefördert sowie über die gesammelten Erkenntnisse im Sinne der Metakognition reflektiert (z.B. syntaktische und semantische Funktionen von Gliedsätzen) wird. Dies kann zusätzlich unterstützt werden durch das Unterstreichen und Markieren bestimmter grammatischer Strukturen (KNG-Kongruenzen, Hyperbata, Verbklammern, rekurrierende Partikeln …), durch das Ordnen von Textteilen im Sinne eines Textpuzzles oder durch das Markieren von Schlüsselwörtern.

In der Texterschließungsmethodik des Lateinunterrichts wird i.d.R. der Dekodierung weitaus mehr Aufmerksamkeit als der Rekodierung geschenkt. Dies ist für Zweitsprachler besonders unverständlich, da allein das Durchdringen einer Satzstruktur oder des Inhalts noch keine Voraussetzung dafür bietet, dass die gewonnenen Erkenntnisse auch in korrektes Deutsch umgesetzt werden. An dieser Stelle kommt ein typisches Fehlerbild im Lateinunterricht mit Schülern ndH ins Spiel: Trotz erfolgreicher Dekodierung eines lateinischen Textes werden bei der Rekodierung Fehler im Deutschen gemacht, die sich nicht aus mangelnden Kenntnissen des Lateinischen ergeben, sondern in der nicht ausreichenden Zweitsprachkompetenz begründet sind. Es ist daher unerlässlich, dass im Unterricht auch die methodische

Dekodierung

Rekodierung

Absicherung der Rekodierung einen erheblichen Stellenwert einnimmt. Hierbei bietet sich insbesondere die sog. *Drei-Schritt-Methode* an: Dieses seit langem eingeführte und umfangreich diskutierte Verfahren (vgl. LOHMANN 1968, 1988, 1995) bietet den Lernenden nicht nur eine konkrete und praktikable Handlungsanweisung zur direkten Umsetzung lateinischer Texte ins Deutsche, sondern verlangt dabei zugleich die Reflexion und aktive Verwendung sprachlicher Konventionen der deutschen Sprache, was gerade für Schüler ndH von besonderer Bedeutung ist, wie man an den einzelnen Arbeitsschritten erkennen kann: So gilt für die Rekodierung von Hauptsätzen, dass im ersten Schritt stets das erste Satzglied übersetzt wird, das in ganz verschiedener Gestalt auftreten kann, etwa als Subjekt, Objekt oder adverbiale Bestimmung. Im zweiten Schritt verlangt die deutsche Konvention das Prädikat, zunächst oft nur ein Hilfs- bzw. Modalverb bei zusammengesetzten Formen. Im dritten Schritt werden dann die übrigen Glieder erfasst, und zwar in den meisten Fällen in der Folge ihres Vorkommens. Für Gliedsätze gilt eine entsprechende Vorgehensweise: Zuerst wird der Satzauftakt übersetzt, danach muss im Deutschen das Subjekt folgen, dann erst die übrigen Satzglieder, ebenfalls zumeist in der Folge ihres Vorkommens mit dem Prädikat am Ende des Satzes (vgl. MEINCKE 1993: 77).

4.6.2 Sprachbildende Ovid-Lektüre: Pyramus und Thisbe

Anhand eines *locus classicus* der lateinischen Schullektüre sollen nun die oben skizzierten Möglichkeiten sprachförderlichen Arbeitens konkretisiert werden. Die vorgestellten Aufgaben sind auf die Bedürfnisse von Schülern ndH ausgerichtet und wurden im Rahmen eines fachdidaktischen Hauptseminares an der Humboldt-Universität zu Berlin mit Studierenden entwickelt und in einem Oberstufenkurs einer Berliner Schule erprobt. Dabei soll deutlich werden, dass für die lateinische Lektüre mit Schülern ndH kein völlig neues Aufgabenportfolio entwickelt werden muss. Vielmehr können die in den Schultextausgaben bereits vorhandenen Aufgaben gezielt ergänzt oder angereichert werden.

Vorerschließung

Die Lektüre kann mit sprachförderlich ausgerichteten Aufgaben zur sprachlichen und inhaltlichen Textvorerschließung beginnen. Bilden *Pyramus und Thisbe* beispielsweise den Auftakt zur *Metamorphosen*-Lektüre IV 55–166, sammeln die Lernenden zuerst Informationen zum Begriff Metamorphose, um im Anschluss daran eine eigene

Definition zu formulieren. Ziel ist ein schriftliches Produkt, das einem bildungssprachlichen Register entspricht und entsprechende Merkmale (Kürze, Sachlichkeit etc.) aufweist. Als weitere Methode sprachförderlicher Textvorerschließung können strukturierend-kategorisierende Methoden wie das Brainstorming, das Mindmapping (vgl. Leisen 2010: 32 f.) oder das Ideen-Netz (vgl. Leisen 2010: 34 f.) Berücksichtigung finden. In diesen Verfahren werden mehr oder weniger systematisch Gedanken und Ideen zu einem bestimmten Thema gesammelt und schriftlich festgehalten. Diese Art der Informationssammlung aktiviert die Kommunikation und kann als Grundlage für das weitere Lernen genutzt und stetig erweitert werden. Dabei finden auch individuelle Lernwege und persönliche Schwerpunktsetzungen besondere Berücksichtigung (vgl. Leisen 2010: 32). Bei dieser Lektüre bieten sich verschiedene Vorgehensweisen an: So können die in verschiedenen Schultextausgaben zur Vorentlastung gebotenen Sachfelder (so bei Kipf 2013: 37: Liebe und Jugend mit den Wörtern *amare, amica, amicus, amor, ardere, carus, corpus, iungere, iuvenis, lacrima, puella* usw.; ferner Gefahr, Verwundung und Sterben mit *caedes, exstinguere, metus, miser, mors, nex, perdere, periculum, sanguis, vulnus*) nicht nur zur gezielten Wiederholung des Wortschatzes, sondern auch sprachförderlich genutzt werden, indem man die aufgeführten Wörter in einer Vokabelliste schriftlich bearbeiten und die Grundbedeutung mit den üblichen sprachlichen Bestandteilen (Genus, ggf. deutscher Artikel usw.) festhalten lässt. Zugleich können auf dieser Grundlage erste Vermutungen über den Inhalt angestellt werden. Hierzu eignen sich dann die oben vorgestellten Strukturierungsmethoden besonders gut. Will man einen ersten Schwerpunkt darauf setzen, die Schüler für die Eigenheiten poetischer Sprache zu sensibilisieren, kann man die ihnen aus dem Deutschunterricht schon bekannten typischen Merkmale deutscher Gedichte in einer Mindmap sammeln lassen (z.B. Reim, Rhythmus, ungewohnte Satzstellung, schwierige, eher altertümliche Wörter, Bilder, Stilmittel etc.), die dann im Laufe der Lektüre kontrastiert, in einer Tabelle gesammelt und stetig ergänzt werden.

Durch den Vergleich unterschiedlicher lateinischer Versionen werden die Schüler für sprachliche Eigenheiten poetischer Sprache sensibilisiert. Der sprachbildende Effekt besteht hier nicht nur darin, dass dezidiert Parallelitäten und Unterschiede in der sprachlichen Gestaltung erarbeitet werden, sondern dass die Schüler zu einer intensiven Diskussion von sprachlichen Varietäten und Alternativlösungen angeregt werden.

Beispiel 1

> In V. 93 f. liegt mit *versato cardine Thisbe egreditur* ein Ablativus
> absolutus vor. Im Folgenden finden Sie drei Übersetzungs-
> möglichkeiten für diese Konstruktion:
> 1. Nachdem die Türangel gedreht worden war, ging Thisbe
>   weg.
> 2. Nach Drehung der Türangel ging Thisbe weg.
> 3. Thisbe drehte die Türangel und ging weg.
> Welche Übersetzungsvariante halten Sie für stilistisch gelungen?
> Begründen Sie Ihre Ansicht.

Durch die Einbeziehung eigener und auch gedruckter Übersetzungen
wird sowohl die für den Zweitspracherwerb zentrale Forderung nach
der Möglichkeit aktiver Sprachproduktion als auch die Konzentration
auf konzeptionelle Schriftlichkeit erfüllt.

Beispiel 2

> Was wird in V. 62 mit dem Ausdruck *captis mentibus* über Py-
> ramus und Thisbe ausgesagt? Jemand hat diesen Ausdruck
> ganz wörtlich mit *nach Ergreifung der Sinne* übersetzt. Finden
> Sie eine andere Übersetzung, die die Situation treffender
> beschreibt.

Das inhaltliche Spektrum der Vergleichsmöglichkeiten ist dabei weit
gefasst: Es können Versionen einzelner syntaktischer Phänomene thematisiert werden, so z.B. die korrekte Übersetzung eines Ablativus
absolutus (Beispiel 1 und 2). Ferner bietet sich die Reflexion über
einzelne Begriffe an, die eine sorgfältige Reflexion über das Bedeu-
tungsspektrum erfordern:

Beispiel 3

> Ab Vers 105 greift Pyramus in das Geschehen ein. Zunächst erfahren wir, dass Pyramus *serius* das Haus verlassen habe. Prüfen Sie zunächst die Übersetzungsmöglichkeiten für *serius*. Welche Übersetzung scheint Ihnen in Anbetracht der sich anschließenden Ereignisse treffend?

Ferner können poetische Gestaltungsmöglichkeiten des Lateinischen durch den Vergleich einer lateinischen Passage mit einer deutschen Übersetzung thematisiert werden. So gelingt Ovid in V. 108 eine abbildende Wortstellung, eine Form sprachlicher Plastizität, die im Deutschen nicht annähernd erreicht werden kann und gerade für Schüler ndH Möglichkeiten sprachlicher Gestaltung eindrucksvoll veranschaulicht:

Beispiel 4

> In V. 108 sehen Sie folgenden Satz: *una duos [...] nox perdet amantes,* den man im Deutschen folgendermaßen übersetzen kann: *Eine einzige Nacht wird zwei Liebende vernichten.* Vergleichen Sie die lateinische und deutsche Ausdrucksweise. Welche Formulierung bildet die Situation plastischer ab?

Insgesamt ist die Thematisierung einer durch Metaphern gestalteten dichterischen Sprache vor allem für diese Schüler von großer Bedeutung, da die Entschlüsselung derart syntaktisch und semantisch komplexer Formen der Sprachgestaltung besondere Schwierigkeiten bereitet. Verschiedene Register werden aufgerufen, wenn eine deutsche Übersetzung in einer alltagssprachlichen Form mit einer poetisch-bildhaften Ausdrucksweise kontrastiert werden soll:

Beispiel 5

> Ovid verwendet häufig eine poetisch-bildhafte Sprache, hier in den Versen 91–92 für den Wechsel von Tag zu Nacht. Drücken Sie dieses Bild zunächst in deutscher Alltagssprache aus. Versuchen Sie dann, diese Metapher im Deutschen nachzuahmen.

Hierbei handelt es sich um eine komplexe Form der aktiven Sprach-produktion, die für Schüler ndH besonders anspruchsvoll und loh-nend ist, da hierbei Gesichtspunkte der Semantik (Bedeutungsäquiva-lenzen und -unterschiede, Konnotationen, Metaphorik; vgl. NICKEL 2004: 7), der Morphosyntax (Wortbildung, v.a. die für das Deutsche typischen Zusammensetzungen, Satzstellung; vgl. NICKEL 2004: 9) und der Stilistik bzw. Rhetorik thematisiert werden können. In ähn-licher Weise soll die Verbindung zu gehobener Alltagskommunikation hergestellt werden, wenn wie im folgenden Beispiel der im Text ge-botene Dialog auf eine Alltagssituation bezogen wird:

Beispiel 6

> In V. 73 beginnt ein Gespräch. Wer spricht mit wem? Was be-zweckt Ovid mit der gewählten Formulierung? In welchen Situationen würden Sie sich ähnlich ausdrücken?

In diesem Zusammenhang kann man auch unterschiedliche lateini-sche Versionen des Textes vergleichen lassen. Durch die Begründung, welche Version leichter zu übersetzen ist, wird die sprachliche Refle-xionsfähigkeit in der Zweitsprache geschult.

Beispiel 7

> Zu V. 57/58: Vergleichen Sie die folgende Textversion mit dem Original. Was wurde verändert? Welche lateinische Ver-sion war für Sie leichter zu übersetzen? Warum?

 Pyramus et Thisbe, alter iuvenum pulcherrimus, altera praelata puellis, quas Oriens habuit, contiguas tenuerunt domos, ubi homi-nes dicunt: Semiramis altam urbem coctilibus muris cinxit.

Schließlich bietet sich der Einsatz von Lückentexten an. Hier sollen die Schüler in einer deutschen Textvorlage ausgesparte Partien mit Hilfe des lateinischen Textes und/oder eines Wörterbuches ergänzen. Mit dieser vertiefenden Übungsform nach der Übersetzung lässt sich Schwächen im Deutschen, die bei der Lektüre aufgetreten sind, ge-zielt entgegenwirken, etwa in Bezug auf die korrekte Verwendung von Verben oder Nomina.

4.7 Interkulturelle Lektüre im Lateinunterricht: Rom und die Griechen

Dass interkulturelle Themen gerade für Schüler ndH besonders ertragreich sein können, wird in der DaZ-Forschung mit Nachdruck betont: „Orientiert man die [Text-]Auswahl an Themen wie Migration, Multiethnizität, Fremdheit, Globalisierung etc., kann dies auf DaZ-Schüler/innen besonders motivierend wirken, weil sie in der Regel spezifische Aspekte in die Diskussion einbringen können." (RÖSCH [2]2010: 233) Diese besondere Motivationskraft beruht auf der Bereitschaft der Schüler, sich aufgrund eigener Erfahrungen entsprechenden literarischen Texten zu öffnen und sich sogar mit ihnen zu identifizieren (vgl. RÖSCH 2010: 53).

Dieses interkulturelle Potenzial wird im lateinischen Literaturunterricht aufgrund der zeitlichen und kulturellen Distanz um einen bedeutsamen Aspekt erweitert: „Die Diskussion unterschiedlicher Lebensentwürfe ist in kulturell bunt gemischten Gruppen […] oft sehr emotional und undifferenziert. Lateinunterricht bietet ein ganz entscheidendes Plus gegenüber dem Gespräch ausschließlich über heutige Kulturen: Wenn als zur Gegenwart kontrastierende Folie die Lebensgestaltung von Menschen der Antike benutzt wird, werden die eigenen Lebensentwürfe durch den zeitlichen Abstand gewissermaßen von einer ‚höheren Warte' aus betrachtet. Dadurch lernen die Schüler, nicht nur die fremde Kultur, sondern auch die eigene kritisch zu betrachten und Unterschiede zu akzeptieren." (FENGLER 2000: 9) Lateinunterricht funktioniert also auch in diesem Zusammenhang als neutrales Vergleichsmedium, durch dessen zeitliche und räumliche Distanz ein Perspektivwechsel erleichtert und somit das Fremdverstehen gefördert werden kann.

An einem instruktiven Beispiel aus der Unterrichtspraxis hat FENGLER dieses Phänomen verdeutlicht: „Zwei nicht deutsche Abiturientinnen […] bereiten während der Prüfungsvorbereitungen ihre Hochzeit vor, die unmittelbar nach den Prüfungen bevorsteht. Bei den deutschen Mitschülerinnen stößt diese Lebensplanung in der direkten Konfrontation auf völliges Unverständnis, zumal die eine der beiden jungen Frauen bekundet, dass sie nach der Hochzeit für ein Jahr im Haushalt der Großfamilie tätig sein wird, ehe sie eine Berufsausbildung beginnen ‚darf'. Die Schülerinnen informieren sich nun gegenseitig über Sitten und Bräuche zur Hochzeit, das Verständnis für den Lebensentwurf der jeweils anderen Kultur bleibt aber zunächst

Potenzial der Distanz

gering. Der Blick auf antike Frauengestalten […] mildert in dieser Unterrichtssituation die Schärfe der Konfrontation, erweitert andererseits das Spektrum möglicher Lebenspläne für Frauen (und Männer) damals und heute. Im Anschluss an diese Phase des Unterrichts gelingt den Schülerinnen eine genauere Begründung der eigenen Position, und Toleranz gegenüber der anderen Kultur fällt ihnen leichter." (FENGLER 2000: 9)

Rom und die Fremden

Wie in Kapitel 2.4 gezeigt wurde, hat das Thema Interkulturalität mittlerweile auch Einzug in den Lateinunterricht gehalten und kann dort fachgerecht bearbeitet werden, ohne in allzu große Gefahr zu geraten, lediglich politisch korrekte Leerformeln abzuspulen. So wird nicht nur in Lehrbüchern, sondern auch in Schultextausgaben immer wieder die Begegnung der Römer mit fremden Kulturen thematisiert: Neben autorenbezogenen Vorschlägen etwa zu Caesar (SCHULZ 2005, BLANK-SANGMEISTER 2009) und Livius (HÜTTEMANN 2002) finden sich thematisch strukturierte Textsammlungen, und zwar zum Verhältnis der Römer und Christen (FOSS/MEYENBURG 2003, SCHMITZ/WISSEMANN 2005), zur Begegnung mit Fremden und Barbaren von der Antike bis in die frühe Neuzeit (z.B. FASSLER/HUBER 2005, KLOWSKI 2006) bis hin zu spätmittelalterlich-neuzeitlichen Reiseberichten (z.B. KRETSCHMER 2001). Auch im didaktischen Kontext wurden verschiedentlich Publikationen vorgelegt, die wertvolle Einblicke in die Problematik liefern. Hier ist neben WEILER (1996), VOGT-SPIRA (1996) und STÄDELE (2007) vor allem die Arbeit von CHRISTES (1997) zu nennen, der in seinem umfassenden Beitrag *Rom und die Fremden* wertvolle Impulse für eine interkulturell ausgerichtete Lektüre gibt.

Rom und die Griechen

Bei der Lektüre von CHRISTES' Artikel wird schnell deutlich, dass im lateinischen Lektüreunterricht bisher einem für die Entwicklung der römischen Kultur besonders wichtigen Moment kaum Aufmerksamkeit geschenkt wurde, nämlich dem prägenden kulturellen Fremderleben schlechthin, der Auseinandersetzung der Römer mit der griechischen Kultur: „Von allen Fremdeinwirkungen auf Rom hat der Einfluss der Griechen und der mit griechischer παιδεία ausgestatteten Orientalen eine besondere Qualität; denn die Unterwerfung des griechisch-sprachigen Ostens konfrontierte die Römer mit einer überlegenen Kultur." (CHRISTES 1997: 104 f.)

Kulturtransfer und Akkulturation

Nach der militärischen Niederlage Griechenlands erfolgte bekanntlich „ein beispielloser Kulturtransfer" (VOGT-SPIRA 1996: 11), wobei diese „Kulturbegegnung" nur einseitig verlief: „Griechische Selbstgenügsamkeit, gestützt auf das Bewußtsein kultureller Superiorität, läßt einen Austausch in der Gegenrichtung nie wirklich in Gang kommen." (Vogt-Spira 1996: 11 f.) Aus didaktischem Blickwinkel ist dabei die Frage besonders ertragreich, „wie die Römer diesen Akkulturationsprozeß" (Vogt-Spira 1996: 12) bewältigten. Da diese sich in der Begegnung mit Fremden nicht selten auf die totale Zerstörung des Gegenübers beschränkten, war es nicht selbstverständlich, dass „sich die Römer im Falle Griechenlands in solch hohem Maße auf das besiegte Fremde einlassen und damit das Risiko einer tiefgreifenden Transformation der eigenen Kultur eingehen, die immerhin bis an die Grenze der Infragestellung der eigenen Identität führt" (Vogt-Spira 1996: 12). Dabei ist besonders hervorzuheben, dass die Römer eine eminent produktive Form kultureller Rezeption etablierten, die schließlich in der Kaiserzeit in eine „durch das Bildungssystem gewährleistete selbstverständliche zweisprachige Kultur" mündete (Vogt-Spira 1996: 15). Die dabei etablierte Verbindung aus *imitatio* und *aemulatio* stellt eine „spezfische Methode" dar, „mit fremden Kulturleistungen umzugehen und sie in einer freilich ihrer Fremdheit entkleidenden Aneignung zum Zwecke eigener Produktivität nutzbar zu machen" (Vogt-Spira 1996: 14); zugleich besitzt sie großes didaktisches Potenzial für eine interkulturell ausgerichtete Lektüre.

Gerade die Frage der Identitätsbildung gegenüber einer fremden, vermeintlich oder tatsächlich wirkungsmächtigeren Kultur ist für Schüler mit Migrationshintergrund immer wieder von zentraler Bedeutung: Ist meine Identität durch ein mir fremdes kulturelles Umfeld bedroht oder kann daraus ein produktiver Stimulus für die persönliche Weiterentwicklung erwachsen? Wie kann ich aus dem zunächst Fremden etwas Eigenes, meiner Individualität Entsprechendes erwachsen lassen? An zwei Beispielen aus der römischen Literatur soll in der gebotenen Kürze der didaktische Horizont für einen derart ausgerichteten Lektüreunterricht veranschaulicht werden. Zur Behandlung dieser zentralen Fragestellung bieten sich verschiedene Texte an, die für einen Einsatz im lateinischen Lektüreunterricht der Oberstufe besonders geeignet sein dürften, da sie in exemplarischer Weise Fragen von Alterität, Akkulturation und Identität aus unterschiedlichen Blickwinkeln beleuchten. Identitätsbildung

1. Zunächst lohnt sich die Beschäftigung mit Cato maior, dessen lebhafte Auseinandersetzung mit der griechischen Kultur immer wieder breite Aufmerksamkeit gefunden hat und ohne Frage zum Grundbestand des im Lateinunterricht vermittelten Römerbildes gehört (vgl. Kipf 2006: 328 ff. und Bayer 2010). Cato darf als besonders Cato maior

anschauliches Exempel für die widersprüchliche und auch persönlich anspruchsvolle Auseinandersetzung mit einer fremden Kultur betrachtet werden. Cato tritt bekanntlich „einerseits als grimmiger Gegner einer Hellenisierung Roms" auf, zugleich erweist er sich „in der Praxis als überaus gelehriger Schüler griechischer Kultur" (VOGT-SPIRA 1996: 17). Somit bietet seine Haltung einen bemerkenswerten Zugang zu der durch die Hellenisierung „ausgelösten Evolution eigener kultureller Identität" (VOGT-SPIRA 1996: 17) und dürfte sich daher besonders gut für eine interkulturell orientierte Lektüre eignen.

Cato und die griechischen Ärzte

In einer kurzen, bei Plinius d.Ä., *n. h.* 29,13–14 überlieferten Passage warnt Cato seinen in Athen weilenden Sohn in polemischer Form vor den Griechen:

 Dicam de istis Graecis suo loco, Marce fili, quid Athenis exquisitum habeam, et quod hominum sit illorum litteras inspicere, non perdiscere. Vincam nequissimum ei indocile esse genus illorum. Et hoc puta vatem dixisse, quandoque ista gens suas litteras dabit, omnia conrumpet, tum etiam magis, si medicos suos huc mittet. Iurarunt inter se barbaros necare omnis medicina, sed hoc ipsum mercede facient, ut fides iis sit et facile disperdant. Nos quoque dictitant barbaros et spurcius nos quam alios Ὀπικῶν appellatione foedant. Interdixi tibi de medicis.

Die Botschaft Catos an seinen Sohn ist unmissverständlich: Grundsätzlich wird die griechische Kultur zwar nicht abgelehnt, vielmehr solle man „die griechische Schriftkultur zur Kenntnis nehmen, jedoch seine Distanz wahren und sich nicht bedingungslos auf sie einlassen." (VOGT-SPIRA 1996: 17) Dies ist jedoch für Cato nur die eine Seite der Medaille: So geht er scharf mit den griechischen Ärzten ins Gericht, die für ihn als Beispiel für die verderbliche Wirkung der griechischen Kultur insgesamt herhalten müssen: Diese hätten sich untereinander verschworen, um alle Barbaren durch ihre Medizin zu töten, und das noch für Geld. Darüber hinaus bezeichneten sie auch die Römer als Barbaren und Schwachköpfe. Cato untersagt seinem Sohn daher den Umgang mit den Ärzten.

Cato und das Barbarenschema

Diese Konstellation ist durchaus überraschend und offenbart die eingangs erwähnte Paradoxie: Ausgerechnet der politisch und militärisch überlegene Römer Cato wendet sich empört gegen seine kulturelle Diskriminierung und die Zerstörung seiner römischen Identität, und zwar durch „das Barbarenschema, das, Ausdruck des griechischen Superioritätsgefühls, seit der Athener Klassik eine bequeme Zweiteilung der Welt gewährleistet und alle Nicht-Griechen in eine inferiore Position drängt. Damit kann sich römisches Selbstbewusstsein schwerlich abfinden." (VOGT-SPIRA 1996: 18) Somit geht es Cato darum, nach dem Erreichen einer politisch-militärischen Überlegenheit auch „eine vergleichbare Position in der kulturellen Welt zu gewinnen" (VOGT-SPIRA 1996: 209). In diesem Zusammenhang kann die Möglichkeit eröffnet werden, das gerade für Schüler mit Migrationshintergrund bestens bekannte Problemfeld Identitätsbildung und kulturelle Fremdheit in den Blick zu nehmen und auf der Basis des Textes verschiedene Lösungswege für das jeweils betroffene Individuum in Vergangenheit und Gegenwart zu diskutieren: Ist der von Cato vorgegebene Weg der Abgrenzung sinnvoll? Ist seine Polemik überzeugend? Aus welchem Grund gibt Cato seinem Sohn trotzdem den Rat, *illorum litteras inspicere, non perdiscere*? Zugleich bietet es sich an, die antike Barbarentopik zu thematisieren und mögliche Auswirkungen dieses ungemein wirksamen Konzepts einer bipolaren Welterklärung bis in die Gegenwart hinein zu beleuchten.

2. Cicero reflektiert in seinem Werk ebenfalls an verschiedenen Stellen über das auch für ihn nicht widerspruchsfreie Verhältnis zwischen Römern und Griechen. CHRISTES (1997) führt hierfür verschiedene Beispiele an, etwa aus den Briefen an seinen Bruder Quintus, in denen sich Cicero zumeist negativ über die Griechen äußert (107 ff.). Cicero ist für CHRISTES somit nicht nur der „größte Liebhaber und Propagandist griechischer Bildung in Rom", sondern zugleich „Hauptzeuge für das negative Griechenbild der Römer" (110). Cicero bekennt sich zwar „offen als Philhellene; gleichzeitig aber handelt er als patriotischer Römer. Daraus erwächst ein innerer Zwiespalt, der nicht unzutreffend als ‚Seinswiderspruch'" bezeichnet wurde (VOGT-SPIRA 1996: 27). Besonders ertragreich für die Lektüre dürfte daher das Proömium der *Tusculanae disputationes* (1,1−5) sein, in dem sich Cicero mit der Bedeutung der griechischen Kultur für die Römer auseinandersetzt und in dem der oben genannte innere Widerspruch besonders deutlich wird. Seine Haltung gegenüber den Griechen fasst Cicero gleich zu Beginn des Proömiums folgendermaßen zusammen: *sed meum semper iudicium fuit omnia nostros aut invenisse per se sapientius quam Graecos aut accepta ab illis fecisse meliora, quae quidem digna statuissent, in quibus elaborarent.* (1,1) Damit konnte Cicero ohne Probleme die Überlegenheit der Griechen in Wissenschaft und Literatur eingestehen, indem er darauf verwies, dass die Römer, wenn sie denn

Cicero und die Griechen

mit den Griechen konkurriert hätten, diese selbstverständlich auch in diesem Bereich übertroffen hätten, wie es ihnen ja auch in anderen Bereichen gelungen sei, etwa im Kriegswesen. Somit wird klar: „Die Römer sind stets überlegen [...], wenn sie sich zum Wettbewerb stellen; ein Zurückbleiben gründet einzig und allein im bewussten Verzicht auf den Wettstreit." (DUNSCH 2000: 301) So wird an Ciceros z.T. spitzfindigen Argumentationen deutlich, „wie die griechische Hochkultur nach wie vor einen gewissen Druck auf das Selbstgefühl eines patriotischen Römers ausübt" (VOGT-SPIRA 1996: 29), man kann sogar mit CHRISTES (1997: 120) von römischen „Kompensationsbedürfnissen" sprechen. Insofern handelt es sich um einen Text, in dem Schüler nicht nur einen exemplarischen Einblick in die Identitätsprobleme des römischen Aristokraten Cicero gewinnen, der durch eine rhetorisch ausgefeilte Argumentation (vgl. DUNSCH 2000) seine öffentliche Position als der entscheidende Förderer griechischer Philosophie in Rom sichern will. Zugleich stellt Cicero ein Exemplum für einen produktiven Umgang mit einer fremden Kultur dar: Seine Haltung als Rezipient ist „aktiv sowie auf die eigenen Zwecke bedacht" (VOGT-SPIRA 1996: 21). Hierin zeigt sich das besondere didaktische Potenzial des Textes als Denkmodell, das Anlass zu fruchtbaren Diskussionen im Unterricht liefern dürfte: Identitätsbildung erfolgt nicht durch eine unkritische Übernahme kultureller Fremdschemata, sondern durch ihre produktive Transformation zu etwas Eigenem auf der Grundlage der persönlichen Identität und Leistungsfähigkeit.

Darüber hinaus bieten sich zahlreiche weitere Texte zur Lektüre an, etwa die berühmte Passage aus den *Episteln* des Horaz, in der Griechenland als der besiegte Sieger charakterisiert wird (*epist.* 2,1,156–167), ferner der Plinius-Brief VIII,24, in dem Plinius im Jahr 108 dem L. Quinctilius Valerius Maximus, der von Trajan als Sonderlegat in die Provinz Achaia geschickt wurde, Ratschläge mit auf den Weg gab, wie er sich den von Rom beherrschten Griechen als Kulturbringern Roms gegenüber zu verhalten habe.

5. Sprachdiagnose und Evaluation

5.1 Sprachdiagnose und Evaluation als Bausteine von Unterrichtsentwicklung

In den vorangegangenen Kapiteln wurden Prinzipien für die Entwicklung von Aufgaben vorgestellt, die den spezifischen Bedürfnissen von Schülern ndH Rechnung tragen und das Lateinische als Brückensprache zum Deutschen als Zweitsprache nutzen. Der Entschluss, auf den hier vorgestellten Grundsätzen basierend neue Aufgaben und Arbeitsmaterialien zu entwickeln und im eigenen Unterricht zu erproben, kann als eine Maßnahme der Unterrichtsentwicklung betrachtet werden. Das Ziel von Unterrichtsentwicklung besteht in der Verbesserung der eigenen Unterrichtspraxis. Den Weg dorthin bilden kontinuierliche Diagnose und systematische Reflexion des Unterrichtshandelns. Unterrichtsentwicklung kann also beschrieben werden als ein „ständiger und kontinuierlicher Erfindungsprozess, als Experiment von Lehrerinnen und Lehrern [...], dessen systematische Anteile oft erst in der Rückschau erkennbar sind" (BASTIAN 2007: 30). Ein zentraler Gedanke der Unterrichtsentwicklung ist, dass Unterrichtsqualität nicht durch einfache „Unterrichtsrezepte" zu erreichen ist. Vielmehr entsteht guter Unterricht in einem Prozess der beständigen (kollegialen) Reflexion und Weiterentwicklung der unterrichtlichen Praxis unter den jeweiligen Bedingungen, die Lehrer an ihrer Schule und in ihren Klassen vorfinden. In diesem Zusammenhang kommen der diagnostischen Kompetenz der Lehrkräfte und der Evaluation des Unterrichts eine besondere Bedeutung zu. Ohne sie ist eine systematische Unterrichtsentwicklung kaum denkbar, da sie die Grundlage für die Reflexion und Verbesserung der eigenen Praxis bilden (vgl. PEEK 2007: 141). In diesem Kapitel werden daher einige zentrale Grundsätze der Sprachdiagnose und Evaluation vorgestellt und anhand einiger ausgewählter, im Lateinunterricht erprobter Messinstrumente illustriert.

5.2 Die Bedeutung diagnostischer Kompetenz

„Sprachdiagnoseinstrumente haben die Aufgabe, den erreichten Stand eines Lernenden in der Fremd- oder Zweitsprache zu ermitteln" (RÖSCH 2011a: 37). Die Diagnose kann dabei bereits vor dem eigentlichen Unterricht erfolgen: Um im Unterricht die Bedürfnisse der Lernenden angemessen zu berücksichtigen, ist es sinnvoll, vor dem Beginn einer sprachfördernden Maßnahme den vorhandenen Lernstand und bereits erreichte Kompetenzen festzustellen (vgl. Rösch 2011a: 37). Anhand dieser ersten Einschätzung können gezielt differenzierende Lern- und Förderangebote in den Lateinunterricht integriert werden. In der Regel wird die Sprachdiagnose jedoch nicht auf das einmalige Erfassen des Status Quo reduziert, sondern muss vielmehr kontinuierlich im Unterricht verfolgt werden. Somit sollen nicht nur punktuell aktuelle Sprachstände, sondern linear längere Sprachenentwicklungen beobachtet werden, um daraus Erkenntnisse für eine langfristig wirksame Sprachförderung zu gewinnen, deren Erfolg dann durch Methoden der Evaluation festgestellt werden kann (vgl. Rösch 2011a: 37).

Methoden der Sprachdiagnose

Zur Sprachdiagnose haben sich verschiedene Methoden etabliert. Die wohl gängigste und von allen Lehrkräften praktizierte Form ist die Beobachtung. Diese orientiert sich am Sprachmaterial, das die Lernenden im Unterricht mündlich oder schriftlich produzieren. Obgleich es für Deutsch als Fremdsprache durchaus viele Tests zur Sprachdiagnose gibt, existieren bis heute „keine Verfahren zur Sprachstandsfeststellung, die für den Erwerb des Deutschen als Zweitsprache normiert sind" (Jeuk 2010: 83), ja sogar liegen „für Schülerinnen und Schüler der Sekundarstufe keine Verfahren vor" (Jeuk 2010: 91). Dennoch werden in der DaZ-Forschungsliteratur einige Methoden vorgestellt, die ursprünglich aus der Forschung zu Deutsch als Fremdsprache stammen.

Profilstufenanalyse

Eine systematische Sprachdiagnose kann z.B. mittels Profilstufenanalysen oder „C-Tests" erfolgen, die mit wenig Aufwand ein recht valides Bild über die globalen Sprachfähigkeiten einer Lerngruppe liefern können (vgl. Rösch 2011a: 57–59). In Hinblick auf syntaktische Qualifikationen hat W. Griesshaber[1] ein Konzept zur Erfassung des Sprachstandes entwickelt, das sich an den Erwerbssequenzen der Lernenden orientiert und die Verbstellung fokussiert (vgl. Jeuk 2010: 62 ff.). Er arbeitet mit Schülertexten oder mündlichen Sprachprodukten und analysiert sie hinsichtlich ihrer sprachlichen Komplexität. Dabei wird erfasst, welches sprachliche Niveau der DaZ-Lernende im Deutschen bereits erreicht hat. In dieser Hinsicht unterscheidet sich Griesshabers Diagnoseform von den meisten anderen gängigen

---

[1] Eine Auswahl an Publikationen von W. Griesshaber ist auf der Homepage der Universität Münster einzusehen: http://spzwww.uni-muenster.de/~griesha/index.html. (Stand: Juli 2013). Hier sind auch Informationen zur Profilstufenanalyse abrufbar. Vgl. Rösch 2011a: 51 ff.

Messmethoden, die eher auf die Auffindung von Defiziten ausgerichtet sind. GRIESSHABER entwickelte folgendes Profilstufensystem:

Stufe 0: Bruchstückhafte Äußerungen: *Papa kommen.*

Stufe 1: Finites Verb in einfachen Äußerungen: *Papa kommt.*

Stufe 2: Verbalklammer: *Papa kommt zurück.*

Stufe 3: Inversion: *Morgen kommt Papa.*

Stufe 4: Nebensätze mit finitem Verb in Endstellung: *Papa kommt, nachdem er einkaufen gewesen ist.*

Stufe 5: Insertion eines Nebensatzes: *Papa, der gerade einkaufen gewesen ist, kommt.*

Stufe 6: Insertionen eines erweiterten Partizipialattributs in einer Nominalkonstruktion: *Papa hat die von Mama auf eine Liste geschriebenen Lebensmittel eingekauft.*

Nach GRIESSHABER entscheidet die Häufigkeit der jeweiligen Profilstufen, die in den Sprachprodukten festgestellt werden, über den Sprachstand der Testperson. Ist eine Profilstufe mindestens dreimal geäußert worden, gilt sie als erlangt[2].

Ein weiteres (oben schon erwähntes) gängiges Instrument, das bereits im Fremdsprachenunterricht zum Einsatz kommt und mit dessen Hilfe Kompetenzen der Morphosyntax sowie des Leseverständnisses erfasst werden können, ist der sog. C-Test (vgl. JEUK 2010: 91, RÖSCH 2011a, 57–59). Gerade dieser Test gilt als probates Mittel und wird auch im schulischen Bereich als Instrument zur Bestimmung der allgemeinen sprachlichen Kompetenz eingesetzt (vgl. BAUR/ GROTJAHN/SPETTMANN 2006). Er entwickelte sich aus den bis dahin üblichen Lückentexten („CLOZE-Tests") und weist bis heute einige typische Merkmale dieser auf: Grundlage bildet ein inhaltlich zusammenhängender Basistext, der in vier Subtexte unterteilt wird und sich an der Erfahrungswelt und dem Sprachniveau der Lernenden orientieren sollte (vgl. RÖSCH 2011a: 57). Die Subtexte werden durch einen ersten vollständigen Satz eingeleitet, der keine Lücken hat und somit eine inhaltliche Vorerschließung ermöglicht. Nach diesem ersten Satz folgt ein Text mit insgesamt zwanzig Lücken (ca. bei jedem dritten Wort), wobei allerdings nie ganze Wörter, sondern immer nur die Wortenden getilgt werden und anschließend inhaltlich und gram-

C-Test

---

[2] Die Auswertung solcher Profilstufenanalysen ist mitunter recht aufwendig, da man für jeden Satz und Nebensatz die erreichte Profilstufe festlegen muss. Durch das Verfahren können aber auch typische Fehlerquellen deutlich werden, wenn die rein syntaktische Analyse durch eine Fehleranalyse ergänzt wird.

matikalisch korrekt von den Schülern zu ergänzen sind. Für die Bearbeitung der C-Tests sind insgesamt zwanzig Minuten nötig (pro Subtext fünf Minuten). Bei der Auswertung ist nicht die Lösung der einzelnen Subtexte oder gar einzelner Lücken von Belang, sondern der Summenwert des gesamten Tests. Somit gilt der C-Test als relativ ökonomisch und eindeutig hinsichtlich der Durchführung, Auswertung und Interpretation (vgl. BAUR/GROTJAHN/SPETTMANN 2006: 2). Als problematisch gilt, dass der C-Test nicht alle Aspekte der Sprachkompetenz misst. So bleiben produktive Bereiche, Lesefähigkeit sowie das Hörverstehen unbeachtet. Auch Fähigkeiten im Bereich der Morphologie, Syntax und Orthographie werden durch eine ausschließliche Richtig-falsch-Korrektur zumeist nicht erfasst. Dem kann allerdings durch eine komplexe Auswertung (z.B. durch die Vergabe von je einem Punkt für Worterkennung, morphologische Realisierung und Orthographie) entgegengewirkt werden (vgl. BAUR/GROTJAHN/SPETTMANN 2006: 6), sodass ein differenzierteres Bild der Sprachstände erfasst wird. Im Lateinunterricht kann ein solcher C-Test polyvalent eingesetzt werden: zur Überprüfung oder Vermittlung von Inhalten, aber auch zur Sprachförderung, da Lückentexte zu den sprachbildenden Aufgabenformaten gezählt werden (vgl. Kapitel 4.2.5).

Teilfertigkeitstest

Um gezielt grammatische Fähigkeiten zu überprüfen, sind außerdem Teilfertigkeitstests ratsam, die durch systematische Tilgung bestimmter Wortgruppen die differenzierte Analyse des Sprachstandes ermöglichen (vgl. BAUR/GROTJAHN/SPETTMANN 2006: 11 ff.). Hier kann z.B. anhand einer Liste typischer Stolpersteine im Deutschen eine Orientierung zur Gestaltung der Lücken gegeben werden, die zum jeweils behandelten Thema des Lateinunterrichts passen (z.B. Dativendungen, Tempora, Präpositionen und Rektion etc.).

Die Welt der Römer

Reichtum und Armut, mutige Soldaten und finstere Machtkämpfe, Friede unter den Völkern, blutige Sklavenaufstände, grausame Zirkusspiele – all das ist Rom. Die Römer herr_____ über ein Weltr_____ voll von Gegens_____. Bis heute kö_____ wir die prächtigen Bau_____ und andere Hinterlassens_____ bewundern. Die lateinische Spr_____ prägte unser Wi_____ und Denken. Auch des_____ nennt man R_____ die „ewige Stadt". Dab_____ gab es anfangs ni_____ weiter als e_____ paar kleine Bauernh_____ und Siedlungen am U_____ eines großen Flus_____. Angeblich haben d_____ Zwillinge Romulus und Remus diese spä_____ Weltstadt gegründet. Rom w_____ auf sieben Hügeln err_____.

Korrekt gelöst: _____ / 20

Die klassische „familia" war keine Kleinfamilie aus Mutter, Vater und Kindern wie wir sie heute kennen. Man vers_____ darunter die gesa_____ Hausgemeinschaft, die unter ei_____ Dach lebte. Zu El_____ und Kindern kamen Verw_____ wie Großmutter, Schwiegertö_____ oder unverheiratete O_____ und Tanten hinzu. Auch Sk_____, die sich d_____ reichen Römer als Haushaltsgehilfen leist_____ konnten, gehörten zur Fa_____. Sie arbeiteten u_____ lebten im selben H_____. Alle Aufgaben waren n_____ strengen Regeln verteilt. D_____ Vater war der Hausvorst_____. Der Platz al_____ Frauen war der Hausha_____. Sie koc_____ und sorgten für Klei_____ und Möbel.

Korrekt gelöst: _____ / 20

Abb. 1: C-Test zur globalen Sprachstandanalyse

Auch schriftliche Leistungs- und Wissenstests sind gängige Mittel zur Sprachdiagnose, die im Lateinunterricht regelmäßig zum Einsatz kommen und vor allem Hinweise auf den Stand der Sprachkompetenz im Lateinischen geben sollen. So zielen solche Tests zumeist auf die Erfassung einzelner Bereiche des Unterrichts ab (vgl. Rösch 2011a: 40), wie z.B. den Wortschatzerwerb in einem Vokabeltest. Durch leichte Änderungen im Testaufbau können aber auch Kompetenzen im Bereich der deutschen Sprachfertigkeiten erfasst werden, wie durch folgendes Beispiel illustriert werden soll.

Dieser Zwischentest wurde zum Thema Präpositionen und ihrer Rektion entwickelt und zur Erfassung der Fähigkeiten im Lateinischen sowie im Deutschen konzipiert. Ausgehend von vier lateinischen Sätzen werden zunächst dort die präpositionalen Verbindungen identifiziert, dann übersetzt und sodann in den halbfertigen deutschen Satz eingetragen (Abb. 2). Schließlich werden die präpositionalen Verbindungen tabellarisch gesammelt und einander im Deutschen und Lateinischen gegenübergestellt, um die Unterschiede in der Kasusrektion deutlich zu machen.

Fragen zur lateinischen Grammatik

1. a) Sieh dir bitte den folgenden lateinischen Text an. Unterstreiche in den lateinischen Sätzen jeweils die Präposition und ihr Bezugswort (pro Satz also zwei Wörter).

1.1 Marcus et Valeria amicum ante basilicam exspectant.
1.2 Sed amicus ad tabernam currit.
1.3 Itaque liberi ad tabernam properant.
1.4 Cuncti in tabernam currunt.

1. b) Nun ergänze in den folgenden Sätzen der Übersetzung die präpositionalen Ausdrücke und trage sie in die Lücken ein:

1.1 Marcus und Valeria erwarten ihren Freund _____
1.2 Aber ihr Freund _____
1.3 Daher eilen die Kinder _____
1.4 Alle laufen _____

Abb. 2: Auszug aus dem zweiten Teilfertigkeitstest der Studie „Pons Latinus" zum Thema Präpositionen und Rektion

Die Diagnose von Sprachständen bildet zumeist die Grundlage für eine Interventionsmaßnahme, deren Erfolg oder Misserfolg anschließend gemessen werden soll, was anhand evaluativer Methoden geschehen kann.

5.3 Was versteht man unter Evaluation?

„Evaluation beinhaltet die systematische Anwendung empirischer Forschungsmethoden zur Bewertung des Konzeptes, des Untersuchungsplanes, der Implementierung und Wirksamkeit sozialer Interventionsprogramme" (BORTZ/DÖRING [2]1995: 96), wobei es sich um einen systematischen und zielgerichteten Aus- und Bewertungsprozess handelt (vgl. PEEK 2007: 143).

Definition

Ausgangspunkt jeder Evaluation ist ein vorab festgelegtes Ziel bzw. eine Fragestellung. So ist die Problemformulierung oder Fragestellung Ausgangspunkt und erstes Kriterium für die Evaluationsforschung (vgl. BORTZ/DÖRING [2]1995: 103). Im schulischen Kontext könnte sich die Evaluation beispielsweise auf den Lernerfolg der Schüler richten. Es könnten jedoch auch andere Aspekte einbezogen werden oder möglicherweise sogar in den Vordergrund treten, beispielsweise die Motivation der Schüler, die Verständlichkeit der Aufgaben, der Bezug der neu entwickelten Materialien zum Lehrbuch usw. In jedem Fall sollte die Evaluation der eigenen Unterrichtspraxis einen speziellen Fokus bekommen, um sich nicht in der Fülle von Aspekten, die den Unterricht beeinflussen, zu verlieren. Ein Modell, das mögliche Fragestellungen und, darauf aufbauend, Vorgehensweisen bei der Evaluation systematisiert, ist das sog. *CIPP-Modell* von STUFFLEBEAM und SHINKFIELD (2007), das unten vorgestellt wird.

Eine Evaluation ist grundsätzlich datengestützt, d.h., zur Beantwortung der eingangs formulierten Fragen werden systematisch Daten erhoben und ausgewertet. Daten können durch Beobachtung oder Befragung gesammelt werden. Auch Arbeitsproben und Testergebnisse der Schüler können als Daten für die Analyse herangezogen werden. Oft ist es sinnvoll und aufschlussreich, verschiedene Datenquellen und Methoden zu kombinieren, um so eine multiperspektivische und facettenreiche Antwort auf die untersuchte Fragestellung zu erhalten. Die anschließende Bewertung sollte auf der Grundlage vorher (ggf. gemeinsam mit Kollegen) festgelegter Kriterien erfolgen. Bei der kollegialen Aus- und Bewertung im Zusammenhang mit der Unterrichtsentwicklung ist es besonders wichtig, dass die Ergebnisse der Evaluation transparent, also nachvollziehbar für Dritte, als Planungs- und Entscheidungshilfe für mögliche Verbesserungen des Unterrichts dienlich sind (vgl. PEEK 2007: 143).

Je nachdem, ob die Evaluation von Außenstehenden oder den Betroffenen selbst durchgeführt wird, unterscheidet man zwischen externer und interner Evaluation. Da dieses Kapitel für Personen geschrieben ist, die die eigene Unterrichtspraxis evaluieren möchten, wird im Weiteren der Fokus auf die interne Evaluation gelegt, wobei durchaus angeregt wird, Kollegen oder andere „kritische Freunde" (vgl. COSTA/KALLICK 1993: 49 f.) als externe Berater hinzuzuziehen, wobei in diesem Fall i.d.R. spezifische Datenschutzregularien zu beachten sind. Die Vorschläge für das methodische Vorgehen sind der Aktionsforschung entlehnt, einem Ansatz, der den Lehrer als forschenden Praktiker in den Mittelpunkt stellt (vgl. ALTRICHTER/POSCH 1998). Die Aktionsforschung sieht die Evaluation des Unterrichts klar im Dienste der Reflexion und Entwicklung des eigenen Handelns und betont die Praktikabilität der Evaluation sowie den kollegialen Austausch gegenüber Aspekten wie Objektivität und Repräsentativität.

5.4 Evaluation nach dem *CIPP-Modell*

Evaluation gehört in gewisser Hinsicht immer schon zur Unterrichtstätigkeit von Lehrern, da sie z.B. regelmäßig und systematisch die Lernleistungen der Schüler mit Blick auf bestimmte vorab festgelegte Lernziele überprüfen. Eine solche „lernzielbasierte Evaluation" hat eine lange Tradition in der Evaluationsforschung (vgl. TYLER 1942) – sie greift jedoch im vorliegenden Fall zu kurz, da ihre Ergebnisse nur begrenzt Rückschlüsse auf die Unterrichtsqualität und vor allem Maßnahmen zu ihrer Verbesserung erlauben. Im Kontext der Unterrichtsentwicklung sollte eine Evaluation ganzheitlicher erfolgen. Ein Modell hierfür haben STUFFLEBEAM und SHINKFIELD (2007) vorgelegt: das *CIPP-Modell* (Context, Input, Process, Product). Dieses Modell entstammt zwar nicht primär der Unterrichtsentwicklung, lässt sich jedoch auf die Evaluation des schulischen Unterrichts beziehen (vgl. SCHMIDT/PERELS 2010: 14 ff.). Es benennt vier wesentliche Ebenen, die bei der Beurteilung einer Unterrichtsmaßnahme betrachtet werden sollten, um zu aussagekräftigen Ergebnissen zu gelangen.

Context meint die Rahmenbedingungen des Unterrichts, z.B. organisatorische Bedingungen wie Klassengröße, Unterrichtszeiten, räumliche Gegebenheiten. Weiterhin fallen darunter die allgemeinen Lernvoraussetzungen der Schüler, ihre Vorkenntnisse, ihr Interesse am Thema, ihr allgemeines Leistungsniveau und die Zusammensetzung der Lerngruppe. Schließlich können im Rahmen der Kontextevaluation auch die Zielsetzungen für den Unterricht mit evaluiert werden (z.B. in welchem Ausmaß die Entwicklung fachlicher/überfachlicher Kompetenzen eine Rolle spielte).

Die Evaluation des *Input* untersucht die konkreten Aufgaben und Methoden, die im Unterricht eingesetzt werden, also das Material und die Ressourcen, mit denen die Schüler lernen. Aspekte, die hier betrachtet werden könnten, sind die aufgewendete Unterrichtszeit, die eingesetzten Sozialformen und Medien, Methodenwechsel und Motivierungsmaßnahmen, Unterstützungsmaßnahmen usw. Input

Die *Process*-Evaluation richtet ihr Augenmerk auf die Lernprozesse der Schüler, die Art und Weise, wie sie das Lernmaterial nutzen bzw. im Unterricht mitarbeiten. Hier könnte zum Beispiel im Vordergrund stehen, wie die Schüler die Aufgaben einschätzen, welche Aufgaben ihnen Freude, welche ihnen Schwierigkeiten bereiten, an welchen Stellen sie Verständnisprobleme haben, ob das Schwierigkeitsniveau angemessen ist, inwieweit der Unterricht bzw. die verwendeten Aufgaben und Methoden für leistungsstarke und leistungsschwache Schüler geeignet sind usw. Process

Im Rahmen der *Product*-Evaluation wird schließlich das Lernergebnis der Schüler betrachtet und analysiert, ob alle die angestrebten Lernziele erreichen und wo ggf. noch Lücken bestehen. Die Ebene der Evaluation kann weiterhin das subjektive Resümee der Beteiligten einschließen – sind die Lernenden, ist die Lehrkraft mit den erreichten Ergebnissen zufrieden? Product

Eine umfassende Erhebung aller vier Ebenen ist außerordentlich komplex und im Rahmen der Unterrichtsevaluation durch Lehrer kaum zu leisten. Für die Unterrichtsentwicklung ist dies jedoch auch nicht unbedingt erforderlich. Das Modell bietet vielmehr eine Systematisierung und Strukturierung der Aspekte, die zur Beantwortung von Evaluationsfragestellungen relevant sind. Es sollte deshalb als Hilfestellung bei der Planung genutzt werden, wobei sich die Evaluation auf ausgewählte Teilfragen der vier Ebenen oder auch nur auf eine Evaluationsebene konzentrieren kann (vgl. SCHMIDT/PERELS 2010: 15).

5.5 Evaluationsmethoden

Die Datenerhebung im Rahmen der Evaluation kann mit unterschiedlichen Methoden erfolgen, wobei jede Methode grundsätzlich für mehrere der im Vorhergehenden dargestellten Evaluationsebenen geeignet ist. Die wichtigsten bei der Evaluation verwendeten Erhebungsmethoden sind die Beobachtung, mündliche und schriftliche Befragungen sowie Tests und Arbeitsproben der Schüler.

5.5.1 Beobachtung

„Keine Datenerhebungsmethode kann auf Beobachtung verzichten." (BORTZ/DÖRING ²1995: 240) Die Beobachtung ist für Lehrer selbstverständlicher Teil des Unterrichts, da sie kontinuierlich Verhalten und Lernprozesse der Schüler im Auge haben und ihren Unterricht hierauf abstimmen.

Kriterien der
Methode

Als Evaluationsmethode sollte die Beobachtung systematisch und nachvollziehbar sein. Will man eine Selbstbeobachtung durchführen, kann man sich z.B. eines Tagebuchs bedienen, in dem man Gedächtnisprotokolle des eigenen Unterrichts anfertigt und reflektiert. ALTRICHTER und POSCH (1998: 26) sehen in solchen Tagebüchern einen wichtigen Ausgangspunkt für die Erforschung des eigenen Unterrichts. Für die Evaluation des Unterrichts Gewinn bringend sind darüber hinaus Fremdbeobachtungen, z.B. durch Kollegen (vgl. SCHMIDT/PERELS 2010: 55). Das Ziel der Beobachtung sollte vorher zwischen Beobachter und Beobachtetem geklärt werden, wobei der Beobachtete festlegt, zu welchen Aspekten er sich eine Rückmeldung wünscht. Auch sollte der Beobachter möglichst nicht ins Unterrichtsgeschehen involviert werden, sondern eine passive Rolle im Unterricht einnehmen.

Die Beobachtung kann, je nach Fragestellung, mehr oder weniger stark strukturiert erfolgen. In einer unstrukturierten Form protokolliert der Beobachter frei alle Ereignisse im Unterricht, die ihm im Rahmen des vorher vereinbarten Fokus auffallen. Für die strukturierte Beobachtung werden vorab Beobachtungsbögen entwickelt, auf denen der Beobachter die Häufigkeit bestimmter Verhaltensweisen festhält oder bestimmte Unterrichtsphasen oder Ereignisse einschätzt. Beobachtungsbögen können helfen, die Beobachtung zu fokussieren und für die Beteiligten nachvollziehbarer zu machen. Die Beobachtung von Unterricht sollte unbedingt zunächst auf der Ebene der sachlichen Beschreibung erfolgen, bevor interpretiert wird. Eine solche sachliche Beschreibung hilft, sich zunächst von den Geschehnissen zu distanzieren, um dann im zweiten Schritt verschiedene Bewertungen gegeneinander abzuwägen und sinnvolle Maßnahmen zur Optimierung zu entwickeln.

5.5.2 Befragung

Befragungen liefern gewissermaßen die „Innenperspektive" des Unterrichts, insofern als Schüler in Befragungen zu ihrer subjektiven Wahrnehmung, die sich durch Beobachtungen nur schwer erschließen lässt, Auskunft geben. Befragungen bilden deshalb eine gute Ergänzung zu Beobachtungen.

Befragungen können schriftlich in Form von Fragebögen oder mündlich als Interview erfolgen. Ähnlich wie die Beobachtung kann auch die Befragung mehr oder weniger stark strukturiert werden. Bei der Befragung mithilfe von Fragebögen sind relativ stark strukturierte Formate üblich, bei denen den Befragten in der Regel Aussagen vorgelegt werden, zu denen sie den Grad ihrer Zustimmung angeben müssen.

Fragebögen dieser Art haben den Vorteil, dass eine große Menge von Personen in relativ kurzer Zeit befragt werden kann und die Antworten sehr gut vergleichbar sind. Auch ist der Einfluss des Fragenden (im Vergleich zum Interview) relativ gering. Die Fragen sollten eindeutig sein, sie sollten nur Aspekte erkunden, zu denen der Befragte auch eine Antwort geben kann, komplizierte Formulierungen und doppelte Verneinungen sollten vermieden werden (vgl. PORST 2000). Die Fragen müssen dem sprachlichen Niveau der Sprach- und Lesekompetenz der Lernenden angepasst werden und können ggf. vorgelesen werden. Zur Strukturierung dieser persönlichen Einschätzungen dienen sog. *Rating-Skalen* (z.B. Zahlen, Beschreibungen, Symbole), zu denen der Proband den Grad des Zutreffens anhand der vorgegebenen Ausprägungsgrade einschätzen soll. Der Proband kreuzt diejenige Stufe der Rating-Skala an, der er hinsichtlich einer vorgegebenen Aussage subjektiv am meisten zustimmen kann (vgl. BORTZ/DÖRING ²1995: 163 f.). Bei diesem Frageformat ist darauf zu achten, die Kategorien möglichst allgemein zu fassen, wobei sich Formulierungen wie *trifft überhaupt nicht zu, trifft eher nicht zu, trifft teilweise zu, trifft eher zu* und *trifft genau zu* bewährt haben.

Fragebögen

Fragen zu den Unterrichtsmaterialien					
Lies dir die folgenden Aussagen (linke Spalte) durch und kreuze an, in welchem Maß sie für dich zutreffen (bitte nur ein Kreuz machen).					
	trifft gar nicht zu	trifft eher nicht zu	trifft teilweise zu	trifft eher zu	trifft genau zu
2.1 Die Unterrichtsmaterialien fand ich allgemein gut.					
2.2 Die einzelnen Aufgaben waren für mich gut strukturiert.					
2.3 Die Hinweise zu Vokabeln und Grammatik waren für mich immer hilfreich und verständlich formuliert.					
2.4 Die Informationstexte waren für mich immer klar und verständlich formuliert.					

Abb. 3: Beispiel für eine verbale Rating-Skala zur Einschätzung der selbstentwickelten Unterrichtsmaterialien.

Um den Befragten die Gelegenheit zu geben, Aspekte einzubringen, die in den Fragen nicht angesprochen wurden, sollten Fragebögen möglichst auch einige offene Fragen enthalten, die die Möglichkeit eines frei formulierten Feedbacks einräumen. Hierzu zählen offene Fragen bzw. Aufgaben mit einem freien Antwortformat ohne vorgegebene Antwortalternativen (vgl. MOOSBRUGGER/KELAVA [2]2012: 40), also z.B. Kurzaufsätze, Ergänzungsaufgaben und Lückentexte. Ferner sind Aufgaben mit Fragen in einem gebundenen Antwortformat möglich. Hier wird eine gewisse Auswahl an Antwortalternativen vorgegeben (vgl. MOOSBRUGGER/KELAVA [2]2012: 43), wie z.B. bei Ordnungs-, Auswahl- (Multiple Choice) und Beurteilungsaufgaben (Rating-Aufgaben). Gerade bei der Befragung von Schülern empfiehlt sich ein „Probelauf" mit einigen wenigen Personen der Zielgruppe, um die Fragen sowie die Antwortskala auf ihre Verständlichkeit zu testen.

Mündliche Befragungen haben gegenüber schriftlichen eine   Interview
größere Offenheit und geben den Schülern mehr Möglichkeiten,
ihre persönlichen Wahrnehmungen, ihr Handeln und ihre Beweg-
gründe zu erläutern. Insofern erlauben sie oft einen tieferen Einblick
in Lernprozesse und Bewertungen des Unterrichts als Fragebögen.
Der Erhebungs- und Auswertungsaufwand ist jedoch wesentlich
größer, sodass mit dieser Methode deutlich weniger Personen befragt
werden können. Eine im Rahmen von Evaluationen häufige Form
des Interviews ist das sog. *Leitfaden-Interview*, für das vorab ein Katalog
von Fragen entwickelt wird, die allen Befragten in möglichst identi-
scher Form gestellt werden. Diese Form des Interviews lenkt das Gespräch auf die für die Evaluation relevanten Aspekte. Da alle Befragten dieselben Fragen erhalten, können die Antworten im Anschluss
gut verglichen werden. Bei der Formulierung von Interviewfragen
sollte man darauf achten, die Fragen so zu formulieren, dass sie nicht
mit einem simplen „Ja" oder „Nein" zu beantworten sind. Sie sollten
die Schüler dazu anregen, ihre Antworten auszuführen und zu begründen, z.B. durch W-Fragen (Was? Wie? Warum?). Weiterhin sollten die
Fragen möglichst neutral formuliert werden, d.h. keine Antwort in
eine bestimmte Richtung nahelegen. Wie im Fragebogen ist auch im
Interview darauf zu achten, die Befragten nur zu solchen Aspekten zu
befragen, zu denen sie auch eine reflektierte Auskunft geben
können.

Zur Aufzeichnung des Interviews sollte ein Aufnahmegerät verwendet werden, da der Interviewer sich dann ganz auf das Gespräch
konzentrieren kann. Das Gespräch kann dann im Nachhinein noch-
mals abgehört und transkribiert werden. In wissenschaftlichen Studien
werden in der Regel vollständige Transkripte angefertigt. Ein weniger
aufwendiges Verfahren besteht in der Anfertigung zusammenfassender
Notizen aufgrund der Tonaufnahme, bei denen nur besonders wichtige
Aussagen vollständig transkribiert werden. Wenn eine Aufnahme
nicht möglich ist, sollten während des Gesprächs Notizen gemacht
werden, die direkt im Anschluss an das Interview aus dem Gedächtnis
ergänzt werden. Aufgrund der selektiven Wahrnehmung und Erinne-
rung ist bei dieser Methode die Gefahr allerdings relativ groß, die
Antworten unvollständig und verzerrt wiederzugeben.

Grundsätzlich ist bei schriftlichen und besonders bei mündlichen   Grenzen von
Befragungen zu bedenken, dass die Gefahr von Verzerrungen durch   Befragungen
Falschaussagen besteht: Im Falle der sog. *Sozialen Erwünschtheit* (vgl.
MOOSBRUGGER/KELAVA [2]2012: 57) möchten Schüler sich nicht nega-

tiv zum Unterricht äußern, da sie Sanktionen seitens der Lehrkraft befürchten, oder sie sind nicht motiviert, sich an der Untersuchung zu beteiligen. Liegt die sog. *Akquieszenz* vor, antworten Probanden unkritisch und stimmen unabhängig vom konkreten Inhalt immer zu (vgl. MOOSBRUGGER/KELAVA ²2012: 61). Es ist deshalb wichtig, den Schülern zu verdeutlichen, welchen Zweck die Evaluation verfolgt – dass nicht sie bewertet werden sollen, sondern die Lehrkraft ihren Unterricht verbessern und dafür ihre Rückmeldung nutzen möchte. Auch kann es hilfreich sein, die Erhebung anonym (beim Fragebogen) bzw. durch eine neutrale dritte Person, der die Schüler vertrauen (z.B. einen Kollegen oder eine externe Person), durchführen zu lassen. Schließlich können Schülerinterviews auch in Kleingruppen durchgeführt werden, wenn sich die Befragten in einer Gruppensituation wohler fühlen.

5.5.3 Tests und Arbeitsproben

Die Überprüfung des Lernerfolgs der Schüler anhand von (lernzielbasierten) Tests und Arbeitsproben gehört zum unterrichtlichen Alltagsgeschäft. Da solche Tests immer eine Rückmeldung zum Erfolg des Unterrichts geben, sollten sie auch in die Evaluation einbezogen werden. Durch eine gezielte Stufung der Schwierigkeit der Aufgaben eines Tests und durch Formulierung von Aufgaben zu verschiedenen Teilbereichen des behandelten Lerngegenstands können Lehrkräfte ein differenziertes Leistungsbild ihrer Schüler erhalten und auf diese Weise einen wertvollen Zusatzertrag für die unterrichtliche Evaluation erzielen.

Vergleichs-
gruppe – Vor-
und Nachtest

Im Rahmen einer Evaluation möchte man das Lernergebnis jedoch möglichst eindeutig auf die eingesetzten Unterrichtsmaterialien und -methoden zurückführen und wissen, ob diese wirksamer waren als der herkömmliche Unterricht. Gerade Letzteres kann eigentlich nur beantwortet werden, indem eine Vergleichsgruppe herangezogen wird, von der sich die untersuchte Lerngruppe nur darin unterscheidet, dass sie einen anderen Unterricht erhalten hat.

Im Schulalltag könnten als Vergleichsgruppe Schüler einer oder mehrerer Parallelklassen, bei denen die zu evaluierende Maßnahme nicht durchgeführt wird, beteiligt werden, sofern diese vom Leistungsniveau, den Vorkenntnissen und dem Lernverhalten mit der untersuchten Gruppe vergleichbar sind. Indem beiden Gruppen vor Beginn der eigentlichen Evaluation ein Vortest und im Anschluss ein Nachtest vorgelegt wird, kann überprüft werden, ob sich die Gruppen auf demselben Lernniveau befanden und ob sich der eingetretene Lernfortschritt unterscheidet (vgl. BORTZ/DÖRING ²1995: 331 ff.). Möglich ist es auch, die Ergebnisse früherer Klassen als Vergleichsgröße heranzuziehen. In diesem Fall wird ein Test, der einer früheren Klasse vorgelegt wurde, bei der untersuchten Lerngruppe wiederholt und hinsichtlich der Ergebnisse verglichen.

Für sich genommen sind die Ergebnisse von Tests in der Regel nicht sehr aussagekräftig. Sie sollten deshalb unbedingt mit Beobachtung und/oder Befragung kombiniert werden, da erst die Kombination der Untersuchungsmethoden Rückschlüsse erlaubt, wie das Ergebnis zustande gekommen ist, wo der Unterricht erfolgreich war und wo evtl. noch Verbesserungsbedarf besteht.

5.5.4 Ethische Grundsätze und Datenschutz

Bei der Evaluation von Unterricht sind neben ethischen Grundsätzen zugleich datenschutzrechtliche Bestimmungen einzuhalten (vgl. BORTZ/DÖRING ²1995: 40 – 45): Evaluationen können fragwürdig sein, sobald Methoden oder Fragen zur Anwendung kommen, die die Probanden in eine physisch oder psychisch unangenehme Lage versetzen. Zugleich ist stets abzuwägen, ob es ethisch verantwortbar ist, dass im Rahmen einer Intervention die Testgruppe durch unterrichtsergänzende Materialien Vorteile erzielt, die einer Kontrollgruppe ohne Intervention verwehrt werden. Außerdem muss die Teilnahme an einer Studie auf Freiwilligkeit beruhen. Daher sollten die Schüler und ihre Erziehungsberechtigten umfassend über Sinn und Zweck der Evaluation informiert werden. Belohnende Anreize sind gängige Methoden zur Schülermotivation.

Schließlich ist natürlich auch auf den Datenschutz zu achten. Jegliche Auskünfte über andere Personen unterliegen dem Datenschutz. Daher empfiehlt es sich, vor Erhebungen, in denen auch persönliche Angaben (Herkunftssprache, Geschlecht, Familienstand …) erfragt werden, zunächst die Datenschutzbestimmungen der Bundesländer einzusehen (vgl. BORTZ/DÖRING ²1995: 45). Dies gilt insbesondere, wenn die Untersuchung Externe einschließt oder die Ergebnisse auch außerhalb der schulischen Einrichtung genutzt werden sollen. In einem solchen Fall bedarf es der Zustimmung schulischer Gremien, der Erziehungsberechtigten (i.d.R. bei Schülern unter 14 Jahren) sowie ggf. auch der zuständigen Schulbehörde. Für die interne Evaluation des eigenen Unterrichts sind solche Maßnahmen nicht nötig, solange sie mit den übrigen ethischen Kriterien nicht kollidieren.

Datenschutzrichtlinien

5.6 Praxisbeispiel: Evaluation einer Unterrichtsreihe zum Tempusgebrauch

5.6.1 Das *CIPP-Modell* als Grundlage

CIPP-Modell

An einem Berliner Gymnasium wurde in insgesamt drei Klassen aus der 8. und 9. Jahrgangsstufe eine zweiwöchige Unterrichtseinheit (vgl. Kapitel 4.3) zur Tempusbildung und -funktion im Lateinischen und Deutschen durchgeführt (vgl. GROSSE 2011). Insgesamt nahmen 49 Schüler an der Untersuchung teil, von denen 85,7 % eine andere Muttersprache als Deutsch aufwiesen. Das Untersuchungsdesign berücksichtigt alle gängigen Methoden der Evaluationsforschung, die sich auch im *CIPP-Modell* wiederfinden lassen: Auf der Kontextebene wurden mittels eines Vortests mit unterschiedlichen Frageformaten das Vorwissen der Lernenden hinsichtlich Tempusbildung und -gebrauch sowie die subjektive Einschätzung des bisherigen Lateinunterrichts (speziell hinsichtlich des sprachreflektorischen Nutzens des Unterrichts) erhoben und durch persönliche Hintergrundmerkmale (Sprache im Elternhaus, Geschlecht) in Form eines Fragebogens ergänzt. Die Berücksichtigung des Input erfolgte durch die Erhebung der spezifischen Probleme der Lernenden mit dem eingeführten Lehrbuch sowie durch die theoretische Fundierung und Dokumentation der in der Unterrichtsreihe verwendeten Materialien und Methoden. Auf der Prozessebene wurde der Umgang der Schüler mit den neu entwickelten Unterrichtsmaterialien ausgewertet. Anhand von Schätzfragen auf einer Rating-Skala wurde schließlich auch die Zufriedenheit der Schüler mit der Unterrichtsreihe gemessen. Die Produktebene wurde nicht nur durch die Auswertung von Arbeitsproben aus dem Unterrichtsgeschehen (z.B. Vorträge, Plakate) einbezogen, sondern auch durch einen Gruppenabschlusstest am Ende der Einheit sowie durch einen Nachtest. Dieser wurde parallel zum Vortest konstruiert, um Erkenntnisse über einen Lernzuwachs gegenüber dem Vortest zu gewinnen. In diesem Zusammenhang wurde auch der von den Schülern wahrgenommene subjektive Nutzen der Unterrichtsreihe für die sprachreflektorische Kompetenz abgefragt. Das methodische Repertoire wurde durch die Beobachtungen neutraler Beobachter sowie durch ein Interview mit den unterrichtenden Lehrkräften abgerundet, um andere Wahrnehmungsperspektiven einzubeziehen.

5.6.2 Unterrichtsbeobachtung: Gestaltung und Erkenntnisgewinn

Die Beobachtung richtet sich vor allem auf den Unterrichtsprozess und orientiert sich an folgenden Leitfragen:

- Welche Probleme tauchen bei der Bearbeitung der Arbeitsmaterialien in sprachlicher Hinsicht auf? – Wann und zu welchen Aspekten suchen die Schüler Hilfe bei der Lehrkraft?
- Lassen sich Verhaltensweisen erkennen, die darauf hindeuten, dass metasprachliche Lernprozesse angestoßen werden?
- Welche Aufgaben motivieren die Schüler besonders und bereiten ihnen Freude?

Alle drei Lerngruppen wurden durch externe Beobachter begleitet. Die Beobachter erstellten zu den o. g. Fragen unstrukturierte Beobachtungsprotokolle und zeichneten die für die Beobachtung relevanten Interaktionen des Unterrichtsprozesses auf. Für die abschließende Bewertung wurden die Ergebnisse aller Beobachter über die gesamte Unterrichtseinheit hinweg zusammengefasst und typische Interaktionsmuster herausgearbeitet, aus denen eine Interpretation der Beobachtungen abgeleitet wurde.

Diese Form der Beobachtung ermöglichte grundlegende Erkenntnisse über das Unterrichtsgeschehen: So war zum Beispiel zu beobachten, dass die Lernenden die Arbeit mit einer vorgegebenen Übersetzung zunächst als wenig anspruchsvoll empfanden. Obgleich sie dieses Aufgabenformat aber nicht kannten, waren sie sehr motiviert und fanden einen leichten Zugang zum kontrastiven Sprachvergleich. Im Verlauf der Unterrichtsreihe konnte beim sprachvergleichenden Arbeiten dann allerdings gleichzeitig rasch erkannt werden, dass zahlreiche Schüler Schwierigkeiten bei der Zuordnung der lateinischen zu den deutschen Prädikaten hatten – eine wichtige Erkenntnis für den Einsatz dieses Aufgabentypus. Denn offenbar ist das kontrastive Arbeiten gerade durch die Fokussierung auf die grammatischen Strukturen, die die reine Übersetzungsarbeit ergänzen, doch in hohem Maße anspruchsvoll, da es über eine rein inhaltliche Entschlüsselung des Textes hinausgeht. Damit einhergehend war zugleich zu beobachten, dass die Bestimmung der Tempusfunktionen nach anfänglichen Verständnisschwierigkeiten auf reges Interesse bei den Schülern stieß, also keinesfalls unterfordernd war, sondern vielmehr eine neue Perspektive auf die Arbeit mit lateinischen Texten eröffnete. In detektivischer Manier wurde über die Bedeutung der Prädikate und die Funktion des Tempus nachgedacht und nach einer angemessenen Übersetzung gesucht. Zugleich zeigte sich eine zunehmend sichere

Leitfragen

Erkenntnisgewinn

Verwendung der metasprachlichen Terminologie im Unterrichtsgespräch.

5.6.3 Schülerbefragung: Gestaltung und Erkenntnisgewinn

Leitfragen

Bei der Gestaltung schriftlich gestützter Erhebungsformate standen folgende Leitfragen im Zentrum des Erkenntnisinteresses:

- Wie schätzen die Schüler ihre sprachlichen Fähigkeiten im Lateinischen und im Deutschen im Allgemeinen sowie hinsichtlich des Tempusgebrauchs ein?
- Wie bewerten sie ihren bisherigen Lateinunterricht (Vortest) bzw. die Unterrichtsreihe (Nachtest), speziell die Aspekte der Sprachreflexion?
- Wie bewerten sie das Lehrbuch (Vortest) bzw. die Arbeitsblätter und Materialien (Nachtest) allgemein (Gestaltung, Verständlichkeit) sowie speziell die zum Tempusgebrauch?

Tests

Die Evaluation dieser Fragen wurde durch einen Vor- und Nachtest durchgeführt. Beide Tests sollten den jeweiligen Status quo vor und nach der Unterrichtseinheit erfassen und Auskünfte über den individuellen Lernzuwachs geben. Diese Tests bedienten sich unterschiedlicher, standardisierter Frageformate (offene Fragen, Multiple Choice, Schätzfragen mittels Rating-Skalen). Beide Tests waren anonym zu beantworten. Ein Codierungssystem ermöglichte eine Zuordnung der Vor- und Nachtests, sodass die Lernprogression jedes einzelnen Schülers nachvollzogen werden konnte. Die Tests gliederten sich in drei Teile, die parallel zueinander konstruiert wurden:

- Fragen zur Person und den Erfahrungen im Lateinunterricht (Vortest) bzw. während der Unterrichtseinheit (Nachtest)
- Fragen zum Lehrbuch (Vortest) bzw. den selbstentwickelten Unterrichtsmaterialien (Nachtest)
- Wissensfragen zum Thema der Unterrichtseinheit (in beiden Tests nahezu identisch)

Trichtertechnik

Die Anordnung der Fragen erfolgte nach der „Trichtertechnik" (INGEN-KAMP 1985: 77), d.h., dass mit allgemeineren Fragen begonnen und zunehmend zu spezielleren fortgeschritten wurde, um Antworthemmungen zu vermeiden. Ergänzt wurden diese Tests durch Fragebögen zur Person und subjektiven Einschätzung des Lateinunterrichts sowie der eigenen sprachlichen Kompetenzen in der Zweitsprache. Allgemein wurde der Großteil der Fragen in beiden Befragungen in gleicher oder ähnlicher Form gestellt, um die Antworten aus Vor- und Nachbefragung direkt vergleichen zu können.

Bei der Formulierung der Fragen wurde darauf geachtet, ein Format zu wählen, das nicht nur dem sprachlichen Niveau der Schüler entspricht, sondern das die Schüler persönlich anspricht (Bsp.: *Heute darfst du einmal bewerten. Welche Note würdest du deinem Schulbuch geben?*). Die Formulierung der Schätzfragen, die via Rating-Skala beantwortet werden sollen, sowie die offenen Fragen sollten durch eine Formulierung aus Perspektive der Schüler gestellt werden (Bsp.: *Mir fällt das Erkennen lateinischer Tempora leicht.*). Bei den offenen Fragen erwies es sich als günstig, eine gewisse Anzahl von mindestens zu leistenden Antworten sowie einen Satzanfang zur Beantwortung vorzugeben, um möglichst aussagekräftige Ergebnisse zu erhalten. Um die Lernfortschritte vom Vor- zum Nachtest direkt zu überprüfen und die Vergleichbarkeit der erhobenen Daten zu gewährleisten, wurden in den Nachtest auch die Aufgaben des Vortests integriert.

Teil 1: Allgemeine Fragen zu dir und den vergangenen Lateinstunden

1.1 Ich bin ein …
❏ Junge   ❏ Mädchen

1.2 Ich bin in der _____ Klasse. (bitte nur die Klassenstufe angeben)

1.3 In der Schule lerne ich Latein seit …
❏ der 7. Klasse   ❏ der 8. Klasse

1.4 Zu Hause spreche ich überwiegend … (bitte nur ein Kreuz machen)
❏ Deutsch ❏ Deutsch und eine weitere Sprache ❏ gar kein Deutsch

1.5 In meinem Freundeskreis spreche ich überwiegend …
(bitte nur ein Kreuz machen)
❏ Deutsch ❏ Deutsch und eine weitere Sprache ❏ gar kein Deutsch

Nenne bei den folgenden offenen Fragen stichwortartig jeweils mindestens zwei Dinge, die dir einfallen. Du kannst aber auch noch mehr schreiben.

1.6 Was hat dir in den letzten Lateinstunden gefallen? (Mir gefiel …)
_____
_____
_____

1.7 Was hat dir in den letzten Lateinstunden nicht gefallen?
(Mir gefiel … nicht)
_____
_____
_____

1.8 Welche positiven Effekte hatten die letzten Lateinstunden für dich?
(Ich kann besser …)
_____
_____
_____

1.9 Was ist dir in den letzten Lateinstunden besonders schwer gefallen?
(Mir fiel … schwer)
_____
_____
_____

Abb. 4: Fragen zur Person und subjektiven Einschätzung des Lateinunterrichts

> **Teil 3: Wissensfragen rund um das Thema Tempusgebrauch**
>
> 3.1 Man kann das lateinische mit dem deutschen Tempussystem vergleichen. Wie kann man die folgenden Tempora des Lateinischen im Deutschen wiedergeben? (Es sind auch mehrere Antworten möglich).
> Imperfekt:
> ❑ Präsens   ❑ Präteritum   ❑ Perfekt
> Perfekt:
> ❑ Präsens   ❑ Präteritum   ❑ Perfekt
>
> 3.2 In welchem Tempus würdest du einen Aufsatz über die Geschehnisse im Trojanischen Krieg schreiben?
> ❑ Präsens   ❑ Präteritum   ❑ Perfekt
>
> 3.3 In welchem Tempus würde wohl ein Römer im alten Rom einen Aufsatz über die Geschehnisse im Trojanischen Krieg schreiben?
> ❑ Präsens   ❑ Präteritum   ❑ Perfekt
>
> 3.4 Ein Schüler übersetzt einen lateinischen Text wie folgt:
>
> *Tandem Troiani Graecos supera-*   Endlich besiegten die Trojaner
> *verunt. Laeti equum in urbem porta-*   die Griechen. Froh zogen sie das
> *verunt. Postremo dormitaverunt et*   Pferd in die Stadt.
> *Graeci ex equo ierunt.*
>
> Wie du siehst, ist der letzte Satz nicht übersetzt. Wie müsste dieser Satz lauten?
> ❑ Schließlich schlafen sie ein und die Griechen steigen aus dem Pferd.
> ❑ Schließlich schliefen sie ein und die Griechen stiegen aus dem Pferd.
> ❑ Schließlich sind sie eingeschlafen und die Griechen sind aus dem Pferd gestiegen.

Abb. 5: Fragen zum Wissen der Schüler über das Tempussystem

Diese Form des Testdesigns („Pre-Posttest-Design") lieferte den entscheidenden Erkenntnisgewinn über die Zielrichtung und Wirksamkeit der unterrichtlichen Maßnahmen: Zunächst offenbarte die erfragte Selbsteinschätzung der Schüler einen deutlichen Widerspruch zwischen Realität und Wirklichkeit, den es dann durch einen entsprechend gestalteten Unterricht zu vermindern galt. Zahlreiche Probanden konnten nämlich bei sich selbst keine Schwierigkeiten mit der deutschen Grammatik ausmachen. Allerdings wiesen dann die Antworten

Erkenntnisgewinn

auf die Frage, welche Tempora es im Deutschen gebe, in eine ganz andere Richtung, wenn z.B. Phantasiebezeichnungen wie einfache Vergangenheit, Perfekt I und II angeführt wurden oder gänzlich andere grammatische Lemmata und Kategorien zu den Tempora gezählt wurden (Akkusativ, Singular, Infinitiv) (vgl. GROSSE 2011: 62). Wie sich dann im Nachtest zeigte, wurden diese Selbsteinschätzungen im Verlauf des Unterrichtsgeschehens erheblich realitätsbezogener. Die Erkenntnis der individuellen Defizite ist ein wichtiger Schritt hin zur Bereitschaft, an den eigenen sprachlichen Kompetenzen zu arbeiten. Gerade in der Alltagssprache werden solche Defizite durch Vermeidungsstrategien zumeist kompensiert und von den DaZ-Lernenden nicht wahrgenommen. Allein durch die Frage nach der subjektiven Selbsteinschätzung im Rahmen einer solchen Befragung können sich einerseits die Schüler bewusster über ihr eigenes sprachliches Vermögen werden. Andererseits kann die Lehrkraft ein aussagekräftiges Ergebnis erhalten, ob die Schüler durch eine Intervention zu einem stärkeren Bewusstsein gefunden haben (vgl. Kapitel 2.3.1).

Dass die Schüler insgesamt deutliche Fortschritte in der Zweitsprache erreichen konnten, wurde durch den Vergleich von Vor- und Nachtest deutlich: Der Fehleranteil im Deutschen sank um 20 bis 30 %! Der Nachtest bestätigte ebenfalls eine grundsätzliche Tendenz, die auch schon durch andere Untersuchungsmethoden (Beobachtungen, Arbeitsproben) aufgezeigt worden war: So zeigten die Schüler weiterhin größere Unsicherheiten im Umgang mit dem deutschen Tempussystem als mit dem lateinischen – eine Erkenntnis, die für die weitere Gestaltung des Unterrichts von zentraler Bedeutung ist. Zugleich wird hieran nachdrücklich deutlich, dass erst die Kombination verschiedener Untersuchungsmethoden die Ergebnisse valider macht.

5.6.4 Auswertung von Arbeitsproben

Leistungstest

Will man sich als Lehrkraft nicht unbedingt der Methoden der Unterrichtsforschung bedienen, stellt auch die Auswertung von Arbeitsproben ein aussagekräftiges Werkzeug dar. Auch die hier beschriebene Unterrichtseinheit wurde ergänzt durch einen Leistungstest (Gruppenabschlusstest), wie er von allen Lehrern in Form von Grammatiktests oder Klassenarbeiten als Mittel zur Sicherung und Beurteilungsgrundlage genutzt wird. Mit dem Abschlusstest wurden die Lernergebnisse auf der Produktebene evaluiert. Der Test ergänzte damit die im vorigen Abschnitt dargestellten Selbsteinschätzungen der Schüler

und die objektiven Ergebnisse aus den Vor- bzw. Nachtests. Die Test-
aufgaben zielten auf folgende Aspekte ab: Kenntnis deutscher und
lateinischer Tempora, Tempusfunktionen und Kenntnis der Unterschiede zwischen den Erzähltempora der lateinischen und deutschen
Sprache.

Die Auswertung der Arbeitsproben erwies sich als sehr ertragreich:
Ganz deutlich zeigte sich, dass die Schwierigkeiten der Schüler eben
nicht im Bereich des Lateinischen zu konstatieren waren. Vielmehr
offenbarten sich z.T. deutliche Schwächen bei der korrekten Formulierung und Bestimmung deutscher Prädikate. Zugleich ließ sich
anhand der von den Schülern erstellten Plakate gut erkennen, dass die
Anwendung von Metasprache in einem entsprechend höheren
sprachlichen Register zunehmend verinnerlicht und korrekt angewendet wurde.

6. Bibliographie

AGUADO, KARIN (2010): Interlanguage-Hypothese, in: BARKOWSKI, HANS/ KRUMM, HANS-JÜRGEN (Hrsg.): Fachlexikon Deutsch als Fremd- und Zweitsprache, Tübingen: Narr.

AHRENHOLZ, BERNT (Hrsg.) (²2010): Fachunterricht und Deutsch als Zweitsprache, Tübingen: Narr.

AITCHISON, JEAN (1997): Wörter im Kopf. Eine Einführung in das mentale Lexikon, Tübingen: Niemeyer.

ALTRICHTER, H./POSCH, P. (1998): Lehrer erforschen ihren Unterricht, Bad Heilbrunn: Klinkhardt.

APELTAUER, ERNST (1997): Bilingualismus und Mehrsprachigkeit. Flensburger Papiere zur Mehrsprachigkeit und Kulturenvielfalt, Heft 18, Flensburg: o.V.

AUERNHEIMER, GEORG (2005): Einführung in die interkulturelle Pädagogik, Darmstadt: WGB.

AUTORENGRUPPE BILDUNGSBERICHTERSTATTUNG (2012): Bildung in Deutschland 2012 – Ein indikatorengestützter Bericht mit einer Analyse zur kulturellen Bildung im Lebenslauf [Online: http://www.bildungsbericht.de/daten2012/bb_2012.pdf].

BASTIAN, J. (2007): Einführung in die Unterrichtsentwicklung, Weinheim: Beltz.

BAUR, RUPRECHT S./GROTJAHN, RÜDIGER/SPETTMANN, MELANIE (2006): Der C-Test als Instrument der Sprachstandserhebung und Sprachförderung im Bereich Deutsch als Zweitsprache, in: TIMM, JOHANNES-PETER (Hrsg.): Fremdsprachenlernen und Fremdsprachenforschung: Kompetenzen, Standards, Lernformen, Evaluation, Tübingen: Narr, 389–406. [Online http://www.standardsicherung.nrw.de/cms/upload/kud/downloads/ Baur_Grotjahn_Spetmann_Der_C_Test_....pdf,] 19 S.

BAYER, MARKUS (2010): Cato maior im Lateinunterricht – Aufstieg und Fall eines Vorzeigerömers. PegOn X/1, 19–60.

BLANK-SANGMEISTER, URSULA (2009): Wir und die anderen. Caesar und Tacitus über fremde Völker, Göttingen: V&R.

BLÄNSDORF, JÜRGEN (2003): Sprachvergleich – wie und wozu? Scrinium XLVIII/2+3, 3–13.

BLÄNSDORF, JÜRGEN (2006): Von Englisch und Französisch zu Latein? Grundlagen und Methoden eines linguistischen Transfers. AU 2+3, 90–103.

BOECKMANN, KLAUS-BÖRGE (2010): Kontrastivhypothese, in: BARKOWSKI, HANS/KRUMM, HANS-JÜRGEN (Hrsg.): Fachlexikon Deutsch als Fremd- und Zweitsprache, Tübingen: Narr, 169.

BORTZ, JÜRGEN/DÖRING, NICOLA (1995): Forschungsmethoden und Evaluation für Sozialwissenschaftler, Heidelberg: Springer.

BURKARD, THORSTEN/SCHAUER, MARKUS (^{5}2012): Lehrbuch der lateinischen Syntax und Semantik, Darmstadt: WBG.

CHRIST, HERBERT (2004): Didaktik der Mehrsprachigkeit im Rahmen der Fremdsprachendidaktik, in: BAUSCH, KARL-RICHARD et al. (Hrsg.) (2004): Mehrsprachigkeit im Fokus, Tübingen: Narr, 30–38.

CHRISTES, JOHANNES (1997): Rom und die Fremden. Bildungsgeschichtliche Aspekte der Akkulturation, in: CHRISTES, JOHANNES: Jugend und Bildung im antiken Rom, Bamberg: Buchner, 97–124.

COSTA, ARTHUR/KALLICK, BENA (1993): Through the lens of a critical friend. Educational Leadership 51 (2), 49–51.

DE VANE, ALICE K. (1997): Efficacy of Latin Studies in the Information Age. Educational Psychology [Online: http://teach.valdosta.edu/WHuitt/files/latin.html 26.6.2013].

DOFF, SABINE/KIPF, STEFAN (Hrsg.) (2013): English meets Latin. Unterricht entwickeln – Schulfremdsprachen vernetzen, Bamberg: Buchner.

DOFF, SABINE/KLIPPEL, FRIEDERIKE (2007): Englischdidaktik. Praxishandbuch für die Sekundarstufe I und II, Berlin: Cornelsen Scriptor.

DOFF, SABINE/LENZ, ANNINA (2011): Englisch und Latein: Ziele und Voraussetzungen eines fächerübergreifenden Fremdsprachenunterrichts. PegOn XI/1, 31–49.

DUNSCH, BORIS (2000): Das Tusculanen-Proömium: Epochenwechsel von der griechischen zur römischen Philosophie. Anregung 46, 298–319.

ERSEN-RASCH, MARGARETE I. (^{2}2004): Türkische Grammatik, Ismaning: Hueber.

FASSLER, FRITZ/HUBER, MICHAEL (2005): Begegnungen, Wien: öbv&hpt.

FELD-KNAPP, ILONA (2005): Textsorten und Spracherwerb, Hamburg: Dr. Kovac.

FELDER, EKKEHARD (2003): Sprache als Medium und Gegenstand des Unterrichts, in: BREDEL, URSULA/GÜNTHER, HARTMUT/KLOTZ, PETER/OSSNER, JAKOB/SIEBERT-OTT, GESA (Hrsg.): Didaktik der deutschen Sprache, Band 1, Paderborn: Schöningh, 42–51.

FENGLER, CAROLA (2000): Lateinunterricht und ausländische Schüler – ein Erfahrungsbericht. PegOn I/1, 1–12.

FÖRMIG GRUPPE TRANSFER (2009): Wege zur durchgängigen Sprachbildung – Ein Orientierungsrahmen für Schulen, veröffentlicht von der Senatsverwaltung für Bildung, Wissenschaft und Forschung Berlin, Fachbrief Nr. 3 Sprachförderung/DaZ, Berlin. [Online: http://www.foermig-berlin.de/materialien/Wege_zur_durchgaengigen_Sprachbildung.pdf].

Foss, Rainer/Meyenburg, Ina (2003): Warum haben die Römer die Christen verfolgt? Texte zum römischen, jüdischen und christlichen Religionsverständnis, Leipzig: Klett.

Fuhrmann, Manfred (1976): Latein als Schlüsselfach der europäischen Tradition, in: Fuhrmann, Manfred: Alte Sprachen in der Krise? Stuttgart: Klett, 68–82.

Geertz, Clifford (1973): Thick Description: Toward an Interpretive Theory of Culture, in: Geertz, Clifford: The Interpretations of Cultures, New York, 3–30.

Grosse, Maria (2011): Theorie und erste empirische Befunde zum Thema „Lateinunterricht mit Schülern nichtdeutscher Herkunftssprache", Berlin: Humboldt-Universität, Masterarbeit.

Hall, Karin/Scheiner, Barbara (2001): Deutsch als Fremdsprache. Übungsgrammatik für Fortgeschrittene, Ismaning: Hueber.

Helbig, Gerhard/Buscha, Joachim (2002): Deutsche Grammatik. Ein Handbuch für den Ausländerunterricht, Berlin: Langenscheidt.

Hentig, Hartmut von (1966): Platonisches Lehren, Band 1, Stuttgart: Klett.

Hölscher, Uvo (1965): Die Chance des Unbehagens, Göttingen: V&R.

Hoffmann, Ludger (2013): Deutsche Grammatik. Grundlagen für Lehrerausbildung, Schule, Deutsch als Zweitsprache und Deutsch als Fremdsprache, Berlin: Schmidt. (2013a)

Hoffmann, Monika (²2013): Deutsch fürs Studium. Grammatik und Rechtschreibung, Paderborn: Schöningh. (2013b)

Holzbrecher, Alfred (2004): Interkulturelle Pädagogik, Berlin: Cornelsen Scriptor.

Hüttemann, Arno (2002): Das Fremde als Bedrohung? Livius über die Aufdeckung und Unterdrückung des Bacchus-Kultes in Rom im Jahr 186 v.Chr., Stuttgart: Klett.

Huneke, Hans-Werner/Steinig, Wolfgang (2005): Deutsch als Zweitsprache – eine Einführung, Berlin: Schmidt.

Ingenkamp, Karlheinz (1985): Lehrbuch der pädagogischen Diagnostik, Weinheim und Basel: Beltz.

IRIS-Project (2013): London [Online: http://irisproject.org.uk].

ISQ – Institut der Schulqualität der Länder Berlin und Brandenburg (2010): Bildung in Berlin und Brandenburg 2010 – Ein indikatorgestützter Bericht zur Bildung im Lebenslauf, Berlin.

ISQ – Institut der Schulqualität der Länder Berlin und Brandenburg (2013): Bildung in Berlin und Brandenburg 2012 – Ein indikatorgestützter Bericht zur Bildung im Lebenslauf, Berlin.

JEUK, STEFAN (2010): Deutsch als Zweitsprache in der Schule – Grundlagen, Diagnose, Förderung, Stuttgart: Kohlhammer.

KEIP, MARINA/DOEPNER, THOMAS (Hrsg.) (2010): Interaktive Fachdidaktik Latein, Göttingen: V&R.

KIPF, STEFAN (2005): Ad fontes? Überlegungen zur Begründung der Originallektüre. PegOn V/2+3, 58–71.

KIPF, STEFAN (2006): Altsprachlicher Unterricht in der Bundesrepublik Deutschland. Historische Entwicklung, didaktische Konzepte und methodische Grundfragen von der Nachkriegszeit bis zum Ende des 20. Jahrhunderts, Bamberg: Buchner.

KIPF, STEFAN (2008): Schule im Umbruch – Perspektiven für den altsprachlichen Unterricht, in: DOFF, SABINE/HÜLLEN, WERNER/KLIPPEL, FRIEDERIKE (Hrsg.) (2008): Visions of Languages in Education, München: Langenscheidt, 181–193.

KIPF, STEFAN (2010): Integration durch Bildung. Schülerinnen und Schüler nichtdeutscher Herkunftssprache lernen Latein. FC 3/2010, 181–197.

KIPF, STEFAN (2011): Gerechte Sprache, Frankfurter Rundschau vom 13.4.2011. [Online: http://www.fr-online.de/schule/fr-interview-ueber-die-sprache-latein-gerechte-sprache-,5024182,8340792.html].

KIPF, STEFAN (2012): Kompetenzen im Lateinunterricht?! Bestandsaufnahme und Perspektiven eines problematischen Verhältnisses. LGBB 4/2012, 63–77.

KIPF, STEFAN (2013): Ars didactica necesse est colatur – Aufgaben und Perspektiven altsprachlicher Fachdidaktik, in: SCHMITZER, ULRICH (Hrsg.): Enzyklopädie der Philologie, Göttingen: Edition Ruprecht, 259–275.

KIPF, STEFAN (2013): English meets Latin – Perspektiven und Probleme einer fächerübergreifenden Zusammenarbeit. MDAV Niedersachsen LXIII 1, 13–28. (2013a)

KIPF, STEFAN (2013): Mythos und Verwandlung – Ovids Metamorphosen, in: UTZ, CLEMENT (Hrsg.): Buchners Lesebuch Latein, Ausgabe A2, Bamberg: Buchner, 34–59. (2013b)

KLEIN, HORST G. (2002): Das Französische: die optimale Brücke zum Leseverstehen romanischer Sprachen. Französisch heute 33, 34–46. [Online: http://www.eurocomresearch.net/lit/bruecke.htm].

KLIEWER, HEINZ-JÜRGEN/POHL, INGE (Hrsg.) (2006): Lexikon der Deutschdidaktik, Band 1: A-L, Baltmannsweiler: Schneider.

KLIMEK-WINTER, RAINER (2003): Kontrastierung als effektiver Grammatikzugang. AU 4+5/2003, 67–71.

KLOWSKI, JOACHIM (2006): Mundus Novus. Amerigo Vespuccis Brief über die Entdeckung der Neuen Welt, Leipzig: Klett.

KNIFFKA, GABRIELE/SIEBERT-OTT, GESA (²2009): Deutsch als Zweitsprache, Paderborn: Schöningh.

KO, MIREILLE (2000): Enseigner les langues anciennes, Paris: Hachette.

KRASHEN, STEPHAN (1985): The Input-Hypothesis, London: Longman.

KRETSCHMER, MANFRED (2001): Die erste Umsegelung der Erde, Bamberg: Buchner.

KRÜGER-POTRATZ, MARIANNE (2005): Interkulturelle Bildung. Eine Einführung, Münster: Waxmann.

KUHLMANN, PETER (2009): Fachdidaktik Latein kompakt, Göttingen: V&R.

KUHLMANN, PETER (2010): Lateinische Literaturdidaktik, Bamberg: Buchner.

KUHS, KATHARINA (2010): Immersion, in: BARKOWSKI, HANS/KRUMM, HANS-JÜRGEN (Hrsg.): Fachlexikon Deutsch als Fremd- und Zweitsprache, Tübingen: Narr, 125 f.

KUHS, KATHARINA (2010): Submersion, in: BARKOWSKI, HANS/KRUMM, HANS-JÜRGEN (Hrsg.): Fachlexikon Deutsch als Fremd- und Zweitsprache, Tübingen: Narr, 324. (2010a)

KÜHNE, JENS (2001): Schüleraktivierende Unterrichtsformen, hrsg. vom Berliner Landesinstitut für Schule und Medien, Berlin.

KÜHNE, JENS/WÖLKE, HANSJÖRG (1999): Pro und Contra: Die Bearbeitung von Originaltexten zur Erleichterung der Anfangslektüre. FC 2, 118–121.

KULTUSMINISTERKONFERENZ DER LÄNDER (KMK): Empfehlung Interkulturelle Bildung und Erziehung in der Schule vom 23.10. 1996.

LEISEN, JOSEF (2010): Der sprachsensible Fachunterricht. Betrifft: Lehrerausbildung und Schule 8, 2011, 6–15. (2010a)

LEISEN, JOSEF (2010): Handbuch Sprachförderung im Fach. Sprachsensibler Fachunterricht in der Praxis, Bonn: Varus.

LEONHARDT, JÜRGEN (2009): Latein. Geschichte einer Weltsprache, München: C.H. Beck.

LOHMANN, DIETER (1968): Die Schulung des natürlichen Verstehens im Lateinunterricht unter Berücksichtigung der deutschen und lateinischen Satzstruktur. AU 3, 5–40.

LOHMANN, DIETER (1988): Latein – ein Ratespiel? AU 6, 29–54.

LOHMANN, DIETER (1995): Dynamisches Verstehen – dynamisches Üben. AU 1, 71–89.

LÜTKE, BEATE (2009): Sprachbewusstheit im Kontext von Sprachunterricht – Beobachtungen in einer DaZ-Lerngruppe der vierten Klassenstufe, in: AHRENHOLZ, BERNT (Hrsg.): Empirische Befunde zu DaZ-Erwerb und Sprachförderung, Freiburg/Br.: Fillibach, 153–172.

LÜTKE, BEATE (2011): Deutsch als Zweitsprache in der Grundschule – Eine Untersuchung zum Erlernen lokaler Präpositionen, Berlin: de Gruyter.

MAIER, FRIEDRICH (1984): Lateinunterricht zwischen Tradition und Fortschritt, Band 2, Bamberg: Buchner.

MAIER, FRIEDRICH (2008): Warum Latein?, Stuttgart: Reclam.

MEINCKE, WERNER (1993): Handreichungen zur Satz- und Texterschließung im Lateinunterricht. AU 4+5, 69−84.

MEISSNER, FRANZ-JOSEF (2005): Mehrsprachigkeitsdidaktik ,revisited': Über Interkomprehensionsunterricht zum Gesamtsprachencurriculum. Fremdsprachen lehren und lernen 34, 125−145.

MOOSBRUGGER, HELFRIED / KELAVA, AUGUSTIN (Hrsg.) (2012): Testtheorie und Fragebogenkonstruktion, Heidelberg: Springer.

MÜLLER-LANCÉ, JOHANNES (2001): Thesen zur Zukunft des Lateinunterrichts aus der Sicht eines romanistischen Linguisten. FC 2, 100−106.

NAGEL, WERNER (1997): Latein − Brücke zu den romanischen Sprachen, Bamberg: Buchner.

NEVELING, CHRISTIANE (2006): Leichter Französisch lernen durch Latein? Französisch heute 1, 36−46. [Online: http://web.fu-berlin.de/romandid/Latein-Aufsatz-Fassung_Jan-2006.pdf].

NICKEL, RAINER (2001): Lexikon zum Lateinunterricht, Bamberg: Buchner.

NICKEL, RAINER (2004): Synoptisches Lesen und bilinguales Textverstehen. AU 1/2004, 2−14.

NIEKE, WOLFGANG (³2008): Interkulturelle Erziehung und Bildung. Wertorientierungen im Alltag, Wiesbaden: VS.

NIEMANN, KARL-HEINZ (2006): Der Blick für den Anderen − ein Kennzeichen anspruchsvoller Lebenskultur. Fallbeispiele in lateinischen Texten der Sekundarstufe I. AU 4, 10−23.

NOHL, ARND-MICHAEL (2006): Konzepte interkultureller Pädagogik. Eine systematische Einführung, Bad Heilbrunn: Klinkhardt.

PEEK, R. (2007): Interne Evaluation und einzelschulische Entwicklung − Spagat zwischen Mindeststandards und Machbarem, in: VAN BUER, J. / WAGNER, C. (Hrsg.): Qualität von Schule, Frankfurt/M.: Peter Lang, 141−149.

PORST, R. (2000): Question Wording − Zur Formulierung von Fragebogen-Fragen. ZUMA How-to-Reihe, Nr. 2. Mannheim: Zentrum für Umfragen, Methoden und Analysen. [Online: http://www.gesis.org/fileadmin/upload/forschung/publikationen/gesis_reihen/howto/how-to2rp.pdf].

ROCHE, JÖRG (2001): Interkulturelle Sprachdidaktik. Eine Einführung, Tübingen: Narr.

RÖSCH, HEIDI (2007): Fachdidaktik und Unterrichtsqualität im Bereich Deutsch als Zweitsprache, in: ARNOLD, KARL-HEINZ (Hrsg.): Unterrichtsqualität und Fachdidaktik, Bad Heilbrunn: Klinkhardt, 177−204.

Rösch, Heidi (²2010): DaZ im Literaturunterricht, in: Ahrenholz, Bernt (Hrsg.): Fachunterricht und Deutsch als Zweitsprache, Tübingen: Narr, 219–237.

Rösch, Heidi (2010): Literatur und Identität, in: Rösch, Heidi: Literarische Bildung im kompetenzorientierten Deutschunterricht, Freiburg/Br.: Fillibach, 49–69.

Rösch, Heidi (2011): Deutsch als Zweit- und Fremdsprache, Berlin: Akademie Verlag. (2011a)

Rösch, Heidi (⁴2011): Deutsch als Zweitsprache. Sprachförderung in der Sekundarstufe 1, Braunschweig: Schroedel.

Schirok, Edith (2010): Wortschatzarbeit, in: Keip, Marina/Doepner, Thomas: Interaktive Fachdidaktik Latein, Göttingen: V&R, 13–34.

Schmidt, M./Perels, F. (2010): Der optimale Unterricht? Praxishandbuch Evaluation, Göttingen: V&R.

Schmitz, Dietmar/Wissemann, Michael (2004): Rom und die Christen, Freising: Stark.

Scholz, Ingvelde/Weber, Karl-Christian (2010): Denn sie wissen, was sie können. Kompetenzorientierte und differenzierte Leistungsbeurteilung im Lateinunterricht, Göttingen: V&R.

Schulz, Meinhard-Wilhelm (2005): De Gallis Britannis Germanis. Berichte über Land und Leute, Stuttgart: Klett.

Senatsverwaltung für Bildung, Jugend und Wissenschaft (2013): Blickpunkt Schule. Schuljahr 2012/2013, Berlin.

Siebel, Katrin (2011): Lateinischer Wortschatz als Brücke zur Mehrsprachigkeit? Eine Durchsicht des Aufgabenspektrums aktueller Lateinlehrwerke. PegOn XI/1, 102–132.

Siebel, Katrin (2013): Englisch- und Lateinunterricht in Kooperation (ELiK). Ein interdisziplinäres fachdidaktisches Forschungsprojekt, in: Schmitzer, Ulrich (Hrsg.): Enzyklopädie der Philologie, Göttingen: Edition Ruprecht, 277–299.

Städele, Alfons (2007): Ferne Länder – fremde Völker. Zum Welt- und Menschenbild im Rom der frühen Kaiserzeit. Dialog Schule Wissenschaft 41, 71–100.

Stanat, Petra (2008): Heranwachsende mit Migrationshintergrund im deutschen Bildungswesen, in: Baumert, Jürgen et al. (Hrsg.): Das Bildungswesen in der BRD, Hamburg: Rowolth, 685–742.

Statistisches Bundesamt (2011): Bevölkerung und Erwerbstätigkeit, Wiesbaden.

Stufflebeam, D. L./Shinkfield, A. J. (2007): Evaluation theory, models and applications, San Francisco: Jossey-Bass.

TYLER, R.W. (1942): General statement on evaluation. Journal of Educational Research 35, 492–501.

UNGER, STEFANIE (2008): Lateinunterricht mit Schülern nichtdeutscher Herkunftssprache – Eine Untersuchung spezifischer Probleme und Leistungen anhand einer Fallstudie, Humboldt-Universität zu Berlin: Staatsexamensarbeit.

VOGT-SPIRA, GREGOR (1996): Die Kulturbegegnung Roms mit den Griechen, in: SCHUSTER, M. (Hrsg.): Die Begegnung mit dem Fremden. Wertungen und Wirkungen in den Hochkulturen vom Altertum bis zur Gegenwart, Stuttgart/Leipzig: Teubner, 11–33.

WAIBLINGER, FRANZ PETER (1998): Überlegungen zum Konzept des lateinischen Sprachunterrichts. FC 41/1, 9–19.

WEILER, INGOMAR (1996): Didaktische Überlegungen und Materialien zum Thema: Die Fremden in der griechisch-römischen Gesellschaft des Altertums. Latein Forum 30, 25–49.

WESTPHALEN, KLAUS (1992): Basissprache Latein, Bamberg: Buchner.

WESTPHALEN, KLAUS (2008): Lateinische Unterrichtswerke – einst und jetzt, in: MAIER, FRIEDRICH (Hrsg.): Lateinischer Sprachunterricht auf neuen Grundlagen, Bamberg: Buchner, 36–62.

WIRTH, THEO/SEIDL, CHRISTIAN/UTZINGER, CHRISTIAN (2006): Sprache und Allgemeinbildung. Neue und alte Wege für den alt- und modernsprachlichen Unterricht am Gymnasium, Zürich: Lehrmittelverlag.

Unterrichtswerke

ALTHOFF, ULRIKE et al. (Hrsg.) (2007): Salvete – Neue Ausgabe. Texte und Übungen, Band 1, Berlin: Cornelsen.

BLANK-SANGMEISTER et al. (2007, 2008): Intra I+II. Lehrgang für Latein ab Klasse 5 oder 6, 2 Bände, Göttingen: V&R.

BLANK-SANGMEISTER et al. (2009): Intra Arbeitsheft II, Göttingen: V&R.

CZEMPINSKI, CHRISTIAN (Hrsg.) (2008 f.): Comes. Latein als gymnasiale Eingangssprache in drei Bänden, München: Oldenbourg.

FUHRMANN, MANFRED et al. (1976): Nota. Lehrgang für Latein als 3. Fremdsprache, Stuttgart: Klett.

HOLTERMANN, MARTIN et al. (2006): Actio 1, Stuttgart: Klett.

HOLTERMANN, MARTIN et al. (2006): Actio 2, Stuttgart: Klett. (2006a)

HOLTERMANN, MARTIN et al. (2008): Actiones 2, Stuttgart: Klett.

KARL, KLAUS et al. (^{2}2005): Auspicia I. Unterrichtswerk für Latein als zweite Fremdsprache in drei Bänden, Lappersdorf: Latein-Buch-Verlag.

KÖHLER, ALEXANDRA et al. (2013): prima A, Arbeitsheft 2, Bamberg: Buchner.

MOSEBACH-KAUFMANN, INGE et al. (2010): Lumina Nova. Texte und Übungen, Göttingen: V&R.

PINKERNELL-KREIDT et al. (Hrsg.) (2011): Via Mea. Schülerbuch 1, Berlin: Cornelsen.

PINKERNELL-KREIDT et al. (2011): Via Mea. Grammatik-Begleitheft 1, Berlin: Cornelsen. (2011a)

PINKERNELL-KREIDT, SUSANNE et al. (2011): Via Mea. Handreichung für den Unterricht, Berlin: Cornelsen. (2011b)

SCHLÜTER, HELMUT (Hrsg.) (2005): Lumina. Lehrgang für Latein als 2. Fremdsprache, Göttingen: V&R.

SCHÖNBERGER, AXEL/SMITH, SYDNEY (Hrsg.) (2004): Lateinisches Unterrichtswerk von Eduard Bornemann, Frankfurt/M.: Valentia Domus Editoria Europea.

UTZ, CLEMENT/KAMMERER, ANDREA (Hrsg.) (2010): Felix-neu. Textband, Bamberg: Buchner.

UTZ, CLEMENT (Hrsg.) (^{4}2010): prima A, Bamberg: Buchner.

UTZ, CLEMENT (Hrsg.) (^{2}2009): prima C, Bamberg: Buchner.

UTZ, CLEMENT/KAMMERER, ANDREA (Hrsg.) (2011): prima.nova. Textband, Bamberg: Buchner.

UTZ, CLEMENT et al. (Hrsg.) (2008, 2010): Campus C1–C3. Gesamtkurs Latein, Bamberg: Buchner.

7. Index

8. Autorinnen und Autoren

Maria Große hat im Jahr 2012 an der Humboldt-Universität zu Berlin ihren Master of Education in den Fächern Mathematik und Latein abgeschlossen und arbeitet seitdem an ihrer Dissertation mit dem Arbeitstitel *Pons Latinus – Modellierung und Evaluation eines sprachsensiblen Lateinunterrichts*, die durch die Gemeinnützige Hertie-Stiftung gefördert wird. Ihre Arbeitsschwerpunkte sind Lateindidaktik, Deutsch als Zweitsprache und die Möglichkeiten durchgängiger Sprachbildung im Lateinunterricht.

Anna Katharina Frings ist seit mehreren Jahren an unterschiedlichen Schulformen als Lehrerin für Latein, Geschichte und Gesellschaftslehre in Halle (Saale) und Köln tätig. Von 2005 bis 2010 war sie abgeordnete Studienrätin am Institut für Altertumskunde der Universität Köln im Bereich der Fachdidaktik der alten Geschichte und des altsprachlichen Unterrichts. Ihre Interessensschwerpunkte liegen im Bereich des Lateinunterrichts in mehrsprachigen Lerngruppen sowie im interkulturellen Geschichtsunterricht.

Stefan Kipf, Dr. phil., ist seit 2006 Professor für Didaktik der Alten Sprachen an der Humboldt-Universität zu Berlin. Seine Arbeitsschwerpunkte sind die Geschichte des altsprachlichen Unterrichts und der Klassischen Philologie, die Geschichte und Theorie der humanistischen Bildung, Mehrsprachigkeit und Migration, Literaturdidaktik, Lehrplan- und Lehrbuchentwicklung sowie Kinder- und Jugendliteratur zur Antike. Darüber hinaus engagiert er sich als Direktor der Professional School of Education der Humboldt-Universität bei der Weiterentwicklung der universitären Lehrerbildung.

Maya Pait, Dr. phil., hat Klassische Philologie in Moskau studiert und danach Latein an Moskauer Schulen und an der Universität unterrichtet. Während ihres vom DAAD geförderten wissenschaftlichen Aufenthaltes in Berlin im Jahr 2002 lernte sie den Umkreis der deutsch-türkischen Europa-Schule (Aziz-Nessin-Schule) kennen. Daraus entstand ihr Interesse an der türkischen Grammatik und an Aspekten des Lateinunterrichts für Schüler mit unterschiedlichen Muttersprachen. Zurzeit arbeitet sie im Projekt *MigraMentor* am Institut für Klassische Philologie der Humboldt-Universität zu Berlin.

Heike Schaumburg, Dr. phil., hat Psychologie und Erziehungswissenschaft an der Universität Osnabrück und der Freien Universität Berlin studiert, ein Aufbaustudium Instructional Technology an der Indiana University, USA, absolviert und wurde an der FU Berlin mit einer Arbeit zum Thema *Konstruktivistischer Unterricht mit Laptops? Eine Fallstudie zum Einfluss mobiler Computer auf die Methodik des Unterrichts* (2003) promoviert. Seit 2003 arbeitet sie als wissenschaftliche Mitarbeiterin am Institut für Erziehungswissenschaften der Humboldt-Universität zu Berlin. Seit 2011 ist sie stellvertretende Direktorin der Professional School of Education der Humboldt-Universität. Forschungsschwerpunkte: Unterrichtsforschung, Lernen mit neuen Medien, E-Learning und Mobiles Lernen in der Schule, Entwicklung von Lehrerprofessionalität.

Katrin Siebel hat in Berlin das Erste und Zweite Staatsexamen für das Lehramt an Gymnasien in den Fächern Latein und Englisch abgelegt. Zudem hat sie eine Qualifikation für das Unterrichten von Deutsch als Fremdsprache erworben. Nach dreijähriger Tätigkeit für den DAAD in Australien und Italien kehrte sie 2009 nach Berlin zurück und ist seitdem wissenschaftliche Mitarbeiterin am Institut für Klassische Philologie der Humboldt-Universität zu Berlin. Forschungsschwerpunkt ihrer Dissertation ist Latein und Mehrsprachigkeit, sie lehrt außerdem in den Bereichen Lateindidaktik und Deutsch als Fremdsprache. Zurzeit arbeitet sie als Geschäftsführerin in den Drittmittelprojekten *MigraMentor* und *Elterncafé*, die sich Fragen von Migration und Lehrerbildung widmen.